나이 없는 시간

나이 듦과 자기의 민족지

나이 없는 시간

나이 듦과 자기의 민족지

마르크 오제 지음 · 정헌목 옮김

PLAY
TIME

차례

고양이의 지혜

우리 고양이를 처음 만난 건 마를리 숲[1]에서였다. 오래
선에 버려져 굶주려 보이던 아기 고양이는 우리 가족을
그냥 보내지 않겠다고 결심한 듯 애처롭게 우리를 바라
보았다. 나 역시 고양이를 그대로 둘 수 없다 생각했고,
결국 부모님도 같은 마음을 먹을 수밖에 없었다. 내가
아직 열 살 밖에 안 된 외동아들이었기 때문이다. 그날
이후 우리는 함께 자랐다. 물론 나보다는 고양이가 더
빨리 나이를 먹었지만.

조그마한 고양이는 언제든 사용할 준비가 된 단단한
발톱을 갖추고 있었고 성격도 그에 못지않았다. 서커스
단의 말에게 하듯 몇 가지 재주를 가르치려 할 때마다
내 팔에는 고양이가 할퀸 상처가 남았지만, 거실 안락

1　[옮긴이] 프랑스 파리 서쪽에 위치한 숲.

의자의 벨벳에 비하면 아무것도 아니었다. 어머니의 절망에도 아랑곳하지 않고 고양이는 벨벳 의자에 주기적으로 발톱을 갈아 댔다.

　내가 유년기를 지나 청년기를 향하는 동안 고양이는 외모는 크게 달라지지 않은 채로 성인기를 넘어 노년기에 접어들기 시작했다. 녀석을 더는 도발하지 말자고 마음먹었지만 그 탓을 고양이에게 돌린 나는 "녀석이 얌전해졌네"라며 혼잣말하곤 했다. 내 팔다리는 이제 상처투성이가 되지 않았고, 장난이 줄어든 대신 우리 사이는 더 평화로운, 심지어 사색적인 관계가 되었다. 나이가 든 고양이는 오래전에 발톱으로 엉망을 만든 안락의자에 앉아 거실 풍경을 즐겼다. 어렸을 적에는 힘 하나 들이지 않고 의자 꼭대기에 올라선 뒤 우아한 도약과 함께 자기가 제일 좋아하는 자리로 뛰어내리곤 하던 녀석이었다. 때로는 위태로이 균형을 잡으며 고양이 특유의 [식빵] 자세로 안락의자 등받이 위 모서리에 앉아 있기도 했다. 그러면서 자기처럼 해 보라고 도발하는 듯한 표정으로 태연하게 나를 쳐다보았다. 이런 놀라운 광경을 보고 있으면 트레이너처럼 굴었던 내 태도가 부끄럽게 느껴졌다. 고양이는 어려운 도전을 직접 찾아 나서기도 했다. 가끔은 근육을 긴장시킨 녀석이 원하는 높이에 시선을 고정하고 높이를 잰 다음, 중간에 놓인 의자를 거치지 않고 단번에 바닥에서 식탁으로 뛰어오르는 모습도 보았다. 하지만 눈치 채지 못하는 사이에 녀석의 기력도 점차 쇠약해져 갔다. 처음에는 식탁에 오르기를 포기하더니 그 뒤에는 의자 등받이도 목표로 하지 않게 되었다. 대신 그보다 더 아래쪽의 의자 시트에서 몇 시간이고 머무는 걸 즐겼다. 결국에는 자신의 새로운 한계가 된 그 높이에 오르는 것도 힘겨워하게 되었지만 말이다.

가끔씩 나는 고양이가 식탁에 오를 수 있도록 도와주려 했다. 녀석은 내 의도에 짜증을 내지는 않았지만 어쩔 줄 몰라 하며 되도록 빨리 아래로 내려오려 안달했다. 식탁은 더 이상 자신의 높이가 아니었던 것이다. 나는 실수를 저질렀다는 걸 깨달았다. 내 행동은 잘못된 의욕, 정확히는 고양이를 향한 잘못된 예의가 빚은 실수였다. 고양이는 끝까지 침착함을 유지했다. 겨울에는 라디에이터 가까이에 붙어 옅은 햇살을 즐겼고, 봄이 오면 그 해의 첫 비둘기가 지저귀는 소리에 귀를 기울였으며, 우리 가족의 지속적인 애정 표현을 어린 시절부터 자신의 매력이었던 자애롭고도 무심한 태도로 받아들였다.

무네트Mounette(참신함이라고는 고민하지도 않고 우리 가족이 붙여 준 이름이었다)는 고양이로서 충분한 수명을 누린 뒤 열다섯 살이 되던 해에 부모님 아파트에서 세상을 떠났다. 내가 부모님 집에서 독립하고 얼마 되지 않아서였다.

반려동물을 키우는 사람은 기꺼이 마음과 정신 등의 성질을 동물에게 부여한다. 이들은 반려동물이 충직하고 충성스러우며 진실할 뿐 아니라 심지어는 총명하다고 주장한다. 이런 판단은 인간과 반려동물이 맺는 관계에 때때로 결부되는 신경증적 성격(양편 모두가 보이는)을 드러낼 뿐 아니라, 인간에게 영향을 미치는 모든 종류의 사회적 압력에서 동물이 자유롭다는 사실도 확인해 준다. 완전히 길들여진 반려동물도 여전히 자연의 특성을 본능적이고도 탁월하게 체화하고 있다고 여겨지니 말이다. 오해는 마시기 바란다. 나는 우리 고양이가 현자였다고 주장하려는 것이 아니다. 나는 고양이 심리학을 연구한 적도 없다. 내가 살피고자 하는 건 고양이가 지닌 이미지의 문제다.

무네트가 떠난 이후 나는 늘 서로 붙어 다닌 고양이 두 마리를 키웠다. 확실히 습관의 힘은 인간과 마찬가지로 이 고양이들의 관계에서도 서로를 이어 주는 역할을 했다. 아기 고양이 시절 녀석들은 자주 옥신각신 다퉜고, 쉴 새 없이 치던 장난이 금세 싸움으로 번지기 일쑤였다. 나아가 고양이들은 자기의 독립성을 지키고자 했고, 시골에 살던 때는 기꺼이 상대를 떠나 홀로 모험에 나서곤 했다. 하지만 재빨리 서로를 다시 찾아낸 뒤 눈을 반쯤 감은 채 다른 녀석이 뭘 하다 왔는지 알고 있다는 자세로 매일 저녁 나란히 누워 있었다. 그렇게 고양이들은 함께 나이 들어 갔고, 한 친구가 먼저 세상을 떠나자 평상시와 같은 자리에 홀로 누워 어떤 특별한 감정도 보이지 않던 다른 녀석도 며칠 후 뒤따라 세상을 떠났다.

고양이가 인간에 대한 은유는 아니겠지만 나이를 추상적 개념으로 만드는 시간과 인간이 맺는 관계의 상징은 될 수 있다. 우리는 시간에 잠겨 있으며, 이따금씩 몇몇 순간을 향유한다. 우리는 스스로를 시간에 투사하고 시간을 재발명하며 시간과 함께 논다. 훌쩍 흘러가는 시간을 놓쳐 버리기도 하지만 우리 자신의 것으로 만들기도 한다. 이런 점에서 시간은 우리 상상력의 원료다. 반면에 나이는 지나간 나날을 상세히 설명하는 방식이자 세월의 흐름을 한 방향으로만 이해하는 관점이다. 이렇게 나이를 통해 우리가 보낸 세월의 합계가 제시

되면 우리는 망연자실한 감정에 빠진다. 나이는 우리가 확실히 아는(적어도 서구에서는) 출생일과 우리가 되도록 미루기를 원하는(대부분의 사회에서) 사망일 사이에 우리 각자를 밀어 넣는다. 시간은 자유를 뜻하지만 나이는 제약을 뜻한다. 분명한 사실은 고양이는 이러한 제약을 알지 못한다는 것이다.

이 책에서 여러분이 읽게 될 것은 일기journal도 회고록 Mémoires도 아니며 자기 고백은 더더욱 아니다. 이 책은 내 경험과 독서에 바탕을 둔 개인적 성찰을 담고 있다. 우리 각자에게 삶은 의식하지 못한 채 오랜 기간에 걸쳐 수행하는 탐구로 이루어진다. 이 책에서 나는 일부 독자의 직관을 확인해 주면서 다른 이들은 놀라게 할 결론을 지지하려고 한다. 자명한 일반적 통념("이걸 젊어서 알았더라면" 혹은 "늙었지만 이걸 할 수 있다면")과 반대로 지식의 샘이나 경험의 보고로서의 노년은 존재하지 않는다는 것을 말이다. 그런 노년이 존재하지 않는다는 사실을 깨달으려면 노년에 도달하는 수밖에 없다. 물론 노화는 당연히 고통과 쇠약을 동반하며, 이것들은 사람에 따라 더 일찍 혹은 덜 일찍, 더 극적으로 혹은 덜 극적으로 찾아온다. 하지만 고통과 쇠약이 항상 노년만의 몫은 아니며, 모든 사람을 동등하게 덮치는 것도 아니다.

노인의 행동과 심리 상태는 그보다 덜 나이 든 이들의 언어—이들이 선의를 가질 때조차, 어쩌면 특히 선의를 가졌을 때—를 통해 짐작되곤 한다. 식민지 시기에 식민 지배자의 가부장적 언어, 언제나 가장 냉소적이지는 않지만 분명 가장 근시안적인 그 언어는 비난의 대상이 되었다. 특별한 관심을 표하면서 노인을 '의존적'이라 여기는 표현들에는 주로 어떤 형용사가 쓰이는가? 선의에 찬 개인, 이를테면 간호사나 간병인의 경우를 보자. 이들은 스스럼없이 노인들을 '할아버지'나 '할머니'라는 친근한 표현으로 부르며, 언어를 전도시켜 스스로를 손주로 표현하면서 노인들에게 다가가지만, 이들의 친근한 태도는 역설적으로 노인을 어린아이 취급하는 것이기도 하다. '할아버지! 할머니!'라는 친근한 호칭뿐 아니라 '어르신들'처럼 분화되지 않은 포괄적 호칭도 같은 문제를 지닌다. 노인을 향한 친절과 애정이 그들을 배타적이며 배제되는 범주에, 일종의 의미론적 실버타운에 몰아넣는 비하 효과를 초래할 수 있는 것이다. 스스로는 소극적이면서도 한가로우며 평온하다 여기지만 어떤 식으로든 다른 사람들로부터 소외되는 게 바로 실버타운의 삶이다.

얼마 전 실버타운에서 일하는 간병인들이 "성적으로 점점 더 자유로워져 가는 노령의 입주자들이 성적 친밀감에 대한 욕구를 느낀다는 사실을 받아들일 수 있도록" 마련된 교육 프로그램에 대한 보도가 나온 바 있다. 이 주제를 다룬『르몽드』의 기사가 여러 시사점을 주었다.[2] 기사는 간병인들의 태도와 간접적으로는 실버타운들에 널리 퍼진 조직 형태를 잘 보여 주었다. 한 간병인은 이 교육이 큰 도움이 되었다고 말한다. "노인들이 서로 키스하는 장면을 보는 게 쉽지는 않았어요. 전에는 좀 충격적이기까지 했죠. 하지만 지금은 아무렇지도 않아요." 사실 충격적으로 보이는 건 이들의 권위적 태도다. 그러나 상황은 더 나빠졌다. 여러 심포지엄과 의견 교환, 토론 그룹, 여타 교육 세션이 의도한 결과는 무엇이었을까? 한 시설의 책임자는 "결국에는" 커플과 부부가 "인접한 방이나 2인용 침대를 갖춘 방"에 머물 수 있으리라 제안했다. 달리 말하면 현재의 규칙은 '의존적인' 노인들을 위해 노년의 커플이 이 보호 시설에

---

2 Manon Gauthier-Faure, "A Guipavas, des mots contre le tabou de l'amour et du sexe en maison de retraite", *Le Monde*, 2013. 8. 9.

발 들였을 때 권위주의적으로 서로를 분리시킨다는 것이다. 해당 기사가 결론으로 암시한 바와 달리 이는 사랑과 성관계를 나눌 권리에 대한 문제가 아니라 개인의 자유라는 더 근본적인 주제에 관한 문제다. 흔히 말하듯 '올바른 방향으로' 가고자 하는 그런 조치를 부정적으로 보는 대신, 이 조치들이 방향을 바꾸려 하는 상황 자체를 면밀히 살펴보는 것이 유익할 수도 있다. 의존적인 노인들은 항상 의존적이어야 하며 오직 의존적이기만 해야 하는가? 노인들은 나와 함께했던 고양이들보다 지각 능력이 떨어지는가? 최선의 의도가 노인들로 하여금 가능한 한 빠르게 자립하겠다는 마음을 거두게 만들고 노예 상태에 빠뜨릴 수 있다. 선한 의도가 노인들의 예속을 초래하는 이런 사태를 우려해야 하는 이유는 수없이 많다.

반대로 우리가 노년의 가치를 과대평가해 왔다는 오랜 증거도 있다. 지혜가 경험에서 나온다는 선입견은 오랫동안 노년을 묘사하는 미사여구의 일부였다. 하지만 평균수명 증가가 이 선입견에 치명타를 날렸다. 적어도 서구 사회에서 고령은 아주 흔해졌고 그 특출한 성질을 잃어 왔다. 고령은 더 이상 위신을 보장하지 않는다. 이미지 중심의 우리 사회에서 미디어가 주목하는 가치를 얻으려면 장수長壽 기록(말 그대로 덧없는 영화일 뿐인)을 깨거나 고령에도 불구하고 업적(운동 경기나 연기, 문학, 정치 영역에서)을 내는 것—결국 보통의 할아버지·할머니와 구별되는 소수의 예외가 되는 것—이 필수다. 역설적이게도 우리 시대에 노인이 위신을 얻으려면 나이를 먹지 않아야 한다. 노화를 부정하는 기호 아래 곧바로 노년의 위신이 세워지는 것이다.

어떤 것도, 특히 어떤 명백한 증거도 부정하지 않고서, 정량화와 객관성이라는 허울 아래 사람들을 개별적이고 의식적인 사회 생활의 충만함에서 배제시키는, 나이에 관한 사고 범주에 질문을 던질 수는 없을까? 한 인간이 지닌 지성과 명석함의 정도를 법으로 판단할 수 있을까?

우리는 모두 어느 연령대가 되었든 모든 면에서 나이에 대한 문제를 경험한다. 그것은 본질적인 인간 경험이며, 어느 문화에서나 자아와 타자가 조우하는 지점이다. 하지만 이는 또한 복합적이고 모순적인 지점이기도 하다. 끈기와 용기를 지닌 사람이라면 이 지점에서 자기 삶에 부담을 지우는 절반의 거짓과 절반의 진실에 직면할 것이기 때문이다. 언제가 되었든, 어떤 관점이 되었든 우리 각자는 자신의 나이에 대한 질문을 맞닥뜨릴 수밖에 없으며, 그에 따라 자기 삶을 관조하는 민족학자ethnologue가 된다.

나이가 들수록

"오, 노년이라는 적이여!"
코르네유, 『르 시드』, 1막 4장[1]

나이가 들수록 그 사실을 받아들이는 편이 훨씬 낫다. 왜냐하면 나이는 예민한 동물이며, 자신을 인정하려 하지 않는 자는 누구든 그 침묵에 값비싼 대가를 치르게 만들겠다고 마음먹을 수 있기 때문이다. 노화의 존재를 증명하는 방법은 너무나도 많다. 따라서 노화를 그대로 받아들이면서 그로부터 눈을 떼지 않는 게 더 현명하다. 요컨대 나이가 들수록 자존심을 거두고 노화를 환영하겠다고 선언하는 것, 인자하게 꾸러미에서 선물을 꺼내는 산타클로스처럼 겸손하고 열정적으로 선물 리스트를 챙기는 것이 최선이다. 특별한 순서 없이 나열하면 본질적으로 나이가 든다는 것은 경험에서 나온 지

---

1 [옮긴이] 피에르 코르네유, 『코르네유 희곡선』, 박무호 외 옮김, 이화여자대학교출판부, 2006, 44쪽.

혜, 성적 충동의 고뇌를 대체한 평온함, 공부의 기쁨, 일상 속 작은 즐거움이라는 선물을 얻게 됨을 뜻한다. 간단히 말해 고대 그리스인들이 복수의 여신 에리니에스를 '친절한 자들'이라는 뜻의 '에우메니데스'라 불렀듯, 순화된 방식으로 노화를 마주하면 나이가 들면서 얻는다고들 하는 이득을 떠올리게 되고, 그럼으로써 노화의 공포에서 벗어날 수 있다.

이것이 고대 로마의 키케로[2]가 예순세 살에 『노년에 관하여』*Cato Maior de Senectute*를 집필해 예순여섯의 친구 아티쿠스[3]에게 전하고자 했던, 심지어 불멸이라는 작지 않은 약속을 더하면서 전하려 했던 메시지다. 모든 위대한 인간은 불멸을 믿는다고 키케로는 주장한다. 자신을 그 범주에 넣는 것이 너무 두드러져 보이지 않도록 키케로는 문학적 대화 형식을 택했고, 본인의 핵심 주장을 여든넷에 사망한 대大카토[4]의 입을 빌려 전

2 [옮긴이] 고대 로마의 정치가이자 저술가(B.C. 106~B.C. 43). 수사학의 대가며 고전 라틴 산문의 완성자로 불린다. 대표적인 공화파로 카이사르와 대립했으나 카이사르가 암살된 후 안토니우스를 탄핵했고, 그로부터 원한을 사 암살당했다.
3 [옮긴이] 키케로의 친구인 티투스 폼포니우스(B.C. 110~B.C. 32)를 가리킨다. 흔히 '아티카인'(아티쿠스Atticus)으로 불렸다.
4 [옮긴이] 고대 로마의 정치가이자 장군(B.C. 234~B.C. 149). 동명의 증손자 '소카토'와 구분해 '대카토'라 불린다. 2차 포에니 전쟁

했다. 따라서 『노년에 관하여』는 이중의 허구적 이야기다. 한 세기 전에 죽은 인물을 빌려 왔다는 점에서 그렇고, 피난처에서 글쓰기를 즐겼음에도 불구하고 이 시기 키케로의 삶은 자신이 그린 고요한 이상과 전혀 일치하지 않았다는 점에서도 그렇다. 그는 2년 동안 두 차례 이혼을 겪었고, 그사이 딸 툴리아가 때 이른 죽음을 맞았으며, 결국에는 몇 달 뒤 그를 파멸로 이끌 정치적 음모도 태동하고 있었다. 카이사르의 암살 이후 키케로는 옥타비아누스 편에 섰지만, 삼두정치의 여파로 예순넷의 나이에 안토니우스의 병사들에게 살해당하고 말았으니 말이다.

이는 키케로의 글이 나이와 고령을 논의하는 데 유용한 두 가지 흥미로운 정보를 포함하고 있음을 드러내 준다. 먼저 카토를 통해 전한 것처럼 무력감과 건강 악화는 노년의 전유물이 아니며 젊은이 역시 겪을 수 있는 상태다. 노인들은 신체적·정신적 건강을 보살펴야 하며, 나이가 들어 어린 시절의 정신 상태로 되돌아가는 사람은 자연적으로 빈곤한 정신의 소유자다. 물론

에서 전공을 세웠고 국수주의·보수주의적 정책을 펴며 정계에서 활약했다.

노화가 특정 활동을 중단시키기는 하지만 정성 들여 활력을 유지해 온 사람의 정신에는 유해한 영향을 미치지 않는다. 결론적으로 누군가가 어떻게 나이 들었는지를 안다면 그가 과거에 어떤 사람이었는지도 알 수 있다.

소포클레스는 고령이 되도록 비극을 썼다네. 이 일에 몰두하다 보니 그는 가사를 돌보지 않는 것처럼 보였네. 그러자 아들들이 그를 법정으로 소환했네. 우리 관습에 따르면 재산을 탕진한 아버지에게 재산권 행사가 금지되곤 하듯이 그가 노망이 들었으니 재판관들이 그에게서 재산권을 몰수해 달라는 취지로 말일세. 그러나 노인이 최근에 쓴 비극인 『콜로노스의 오이디푸스』를 손에 들고 있다가 재판관들에게 낭독하고 나서 그것이 노망든 사람의 작품으로 보이느냐고 물었다고 하네. 그는 그 작품을 낭독하고 재판관들의 판결에 의해 무죄 방면되었다네.[5]

키케로의 글에 담긴 둘째 정보는 첫째 정보에 담긴

---

5 Cicéron, *Caton l'Ancien ou De la vieillesse*, VII, 22, trad. sous la dir. de M. Nisard, Paris: Firmin Didot, 1864[『노년에 관하여/우정에 관하여』, 천병희 옮김, 숲, 2005, 34~35쪽].

귀족적 사고방식을 더 상세히 보여 준다. 그에 따르면 노인은 젊은이보다 육체노동에 덜 적합하지만 그 대신 일을 운영하는 데는 당연히 더 유능하다. 이처럼 키케로의 상상이 그려 낸 카토의 주장은 장로정치 쪽에 가깝다. 동시에 나이에 관한 모든 논의를 뒤집는 모순이 상당히 강조되는데, 한편에는 노화에 따른 노쇠함이 있지만 다른 한편에는 노년이 보유한 위대한 경험이 존재한다는 것이다. 우리가 알고 있듯 이런 모순은 표면상의 것일 뿐이며, 계급 간의 갈등이라는 요인을 사실상 은폐한다. 비록 그에 해당하는 단어나 개념을 사용하지는 않았지만 키케로는 계급 갈등을 결코 감추지 않았다. 더불어 시몬 드 보부아르 역시 1970년에 쓴 『노년』 *La Vieillesse*에서 이 갈등을 충분히 강조했다.

2000년 전 키케로의 언급 뒤에 놓인 모든 가정과 생각은 사실상 오늘날 우리에게도 낯설지 않으며, 거기 담긴 표면상의 모순들 역시 마찬가지다. 이따금 뉴스는 막대한 재산 관리를 둘러싸고 가족들 사이에서 빚어진 갈등을 전해 준다. 자신의 권리를 위협받는 사람들이 소포클레스의 예를 따라 자기를 변호하고자 직접 집필한 문학 작품을 제시하기는 어렵겠지만 말이다. 더 일반적으로 우리는 평균수명 증가에도 불구하고 여전히 우리가 나이를 먹는 방식이 각자의 사회적 배경과 직업에 좌우된다는 사실을 인정해야 한다. 나이와 맺는 관계는 사회적 불평등을 표현한다. 이런 관점에서 의존이라는 문제를 푸는 유일한 해법은 궁극적으로 모든 사람을 대상으로 한 교육이라는 점을 깨달을 필요가 있다. 그리고 그런 교육이 이루어지는 사회는 하나의 유토피아일 것이다. 인생의 모든 우연을 해소해 주지는 않더라도 대다수 사람에게 자유의지를 실행할 실질적인 기회를 부여해 줄 것이기 때문이다.

기대 수명은 또한 대륙 간 불평등의 지표며 발전의 척도기도 하다. 아직 그렇게까지 나이 든 건 아님에도 불구하고 나는 인류학자이자 여행자로서 나보다 젊으면서도 노인이라 불리는 사람을 자주 만났다. 사하라사막 이남 아프리카에서는 상대적으로 나이가 많은 것이 권력의 징표에 해당한다. 코트디부아르에서 누군가가 나를 처음으로 "어르신!"—그때 나는 마흔이 채 되지 않았다—이라 부른 순간 이런 존경의 표시에 우쭐한 기분이 들었다. 반대로 훨씬 나중에 프랑스의 지하철에서 어느 불운한 젊은이가 내게 자리를 양보하는 게 좋겠다는 생각을 행동에 옮겼을 때 나는 기분이 몹시 상한 채 실망감을 느낄 수밖에 없었다.

지식인은 노인들이 신체만큼이나 정신도 유지하기를 원했던 키케로의 희망에 다른 직업군보다 잘 부합한다. 이와 관련해 그들은 자신의 노후를 책임지는 일종의 연금으로 이득을 취한다. 그런데 이런 '연금'은 모호한 측면이 없지 않다. 왜냐하면 지식인은 자신의 가치를 직접 증명해야 하는 일이 다른 사람들보다 많기 때문이다. 나이가 들수록 지식인은 자기 글이나 사소한 언급이 비판자들에게 면밀히 살펴져 노쇠함의 초기 징후가 폭로될까 봐 두려워한다. 그래서 어떤 사람은 나이가 들면서 더욱 급진적으로 보이고자 내용과 형식을 장식하고 과시하려 한다. 하지만 이는 과거의 저항성이 미래의 보수성으로 변하는 흔한 과정을 극적으로 뒤집은 것에 불과하다. 그리고 이따금 우리는 일부 노신사의 입에서 이런 놀라운 외침을 읽어 낼 수 있을지도 모른다. "나보다 젊은 녀석들은 죽어 버리라고 해!"

손쉬운 대조를 좋아하는 텔레비전은 이런 시간적 혼종들, 그러니까 시각과 청각을 박쥐처럼 오가는 혼종들("하얗게 센 내 머리를 보게나, 나는 현명하다네" 대對 "내가 말하는 걸 들어 보게, 난 아직 젊다네")이 다소 과장된 연극조로 등장하도록 조장한다. 하지만 이런 연극은 결코 쉽지 않다. 키케로와 카토가 설파한 장로정치의 이상을 이들이 비난하기는 어려운데, 왜냐하면 그런 비난 자체(키케로와 카토도 언급한)는 젊음의 보존 혹은 재발견이라는 명목 아래 권위에 대한 요구로, 지혜와 경험 그리고 권력(혹은 최소한 영향력이라도)에 대한 가식적인 요구로 쉽게 변질될 수 있기 때문이다. 하지만 자신의 나이를 가지고 과장된 연기를 수행하는 사람들에게 돌을 던지기에 앞서 일부 정상참작이 가능한 상황은 인정하도록 하자.

만약 이들이 자신의 나이를 연기한다면, 그건 사람들이 많든 적든 악의나 짓궂음을 가지고 혹은 솔직하거나 미숙한 태도로 너무나 자주 이들에게 나이에 관한 질문을 던졌기 때문이다. 말투에서 미세한 억양 차이가 느껴지면 질문할 권리가 있다고 여기는 내국인에게서 출신지에 대한 질문을 받는 외국인처럼 노인들은 버스 운전사, 택시 기사, 텔레비전 진행자의 호기심을 불러일으킨다. 나이 든 지식인에게 연령이 갖는 의미는 여성에게 아름다움이 갖는 의미와 같다. 텔레비전 진행자가 남자 배우의 매력적인 외모를 칭송하는 일은 별로 없다(그런 종류의 찬사는 보통 여성을 위해 남겨진다). 그와 비슷하게 40대인 사람에게 나이와 관련해 경탄하는 일도 절대 일어나지 않을 것이다(그런 종류의 찬사는 보통 노인을 위해 남겨진다). 공식적 언어의 완곡한 표현—노령기를 가리키는 '제3의 인생'troisième âge이나 그보다 더 고령의 시기를 가리키는 '제4의 인생'quatrième âge 같은—은 특정 단어가 두려움을 불러일으키는 것과 마찬가지로 오직 주위의 불편함을 더할 뿐이다. 반면에 그와 반대 방향의 속류화는 '젊은'이라는 특정한 형용사를 명사의 지위—'청년'이라는—로 올려 주었다. '청년들은 자신의 미래를 불안하게 여긴다' 같은 표현을 보자. 내가 젊었을 때는 '노년'이라는 명사가 이런 상황을 가리키는 데 사용되곤 했다. 누군가가 노골적으로 '노년의 은퇴'를 이야기하면 이는 자원이 없는 사람들의 최소 퇴직연금을 뜻했다. 오늘날 '청년'이라는 표현이 그렇듯이 '노년'은 하나의 사회적 계급에 해당했다.

알다시피 하나의 일반적 범주에 포함되는 일을 피하는 최선의 방법은 '낙인stigmate을 뒤집는 것'이다. 하지만 일반화에 역설적으로 수반될 수 있는 부인을 통해 상대를 설득하려 시도할 수도 있다. 노년과 관련해 우리는 이 두 기제가 작동함을 본다. 상대적으로 영향력 있는 미디어의 주요 인물들 사이는 물론이고 술집이나 가정의 식사 자리에서 나누는 대화에서도 실제 존재와 겉으로 보이는 존재를 대조하는 형태로 이 기제들이 작동한다. "나는 당신이 생각하는 그런 사람이 아닐세. 난 말이지⋯⋯"라는 말은 모든 설득 시도("그러니까 당신이 모르는 다른 사람을 내 안에서 찾아보세요"와 같은)의 핵심 표현이다. 이 경우 나이가 자신의 전부를 아우르지 않는다고 이해해 주길 바라는 인식이 더해진다. 따라서 "내가 늙었지만 그래도⋯⋯"라는 표현에는 "내가 늙었지만 아직 끝난 건 아니라고" 혹은 "난 늙었지만 내 활에는 화살이 한 발 이상 걸려 있지⋯⋯" 같은 의미가 담긴다. 나아가 이 표현은 나이를 카드 놀이의 으뜸패처럼 이해해야 한다는 주장도 함축한다. 그러므로 "내가 늙었지만 정확히는⋯⋯"이라는 표현은 "내 나이는 사실 나를 자유롭게 해 준다네⋯⋯"나 "내가 늙었지만 이는 사실 젊음을 이해하게 해 준다네⋯⋯" 같은 의미를 포함하게 된다. 이처럼 암시의 형태를 취하는 부정은 부분적으로 진실이다. 왜냐하면 약간이나마 의식이 남아 있는 한 누구도 단순히 나이라는 숫자로 환원될 수는 없기 때문이다. 그러나 기억을 경험의 한 형태로 동화시키는 건—나이 든 이들이 자신의 나이를 내세우면서 알려 주는 모든 교훈에 내포된—이론의 여지가 있으며, 이는 일종의 허구, 즉 우리 모두 한 번쯤 굴복하고픈 유혹에 빠지는 자아의 재발명이라는 허구에 해당한다.

이런 점에서 전문 배우는 나이라는 요소와 관련해 작가나 지식인보다 더욱 정직해야 하는 처지가 된다. 왜냐하면 배우가 연기하는 역할—집필을 통해 자신을 드러내는 작가와 달리—은 대체로 그의 신체적 외양과 나이에 좌우되기 때문이다. 이런 언설이 얼핏 역설적으로 보이겠지만 배우는 언어의 장막 뒤에 숨기가 쉽지 않다. 그렇기에 자신의 실제 나이를 넘어 항상 다른 연령대의 캐릭터를 소화해 내는 위대한 배우들의 능력—분장이라는 요소가 배우의 연기 폭을 넓히는 걸 돕는다는 사실을 감안하더라도—에 우리가 찬사를 보내는 것이다. [또한] 배우들은 나이가 드는 덕분에 스스로를 새로이 만들 수 있게 된다. 운명이 연기 영역(이를테면 제임스 딘)과 마찬가지로 문학적 창조 영역(레몽 라디게[6]의 경우처럼)에서도 때때로 화려한 불꽃을 일으키는 것

---

6 [옮긴이] 프랑스의 소설가이자 시인(1903~1923). 14세부터 시를 쓰기 시작해 소설 『육체의 악마』*Le Diable au corps*, 1923로 주목받았으나 20세에 요절했다.

은 사실이다. 하지만 이러한 효과를 만들어 내는 건 인생의 전성기에 닥쳐와 전설을 창조하는 무심하고 갑작스런 죽음이다. 그런 전설은 은유적인 만큼이나 환유적인 전치轉置의 마법을 통해 작가를 작품과 혼동시키거나 배우를 역할과 혼동시킨다. 다른 한편으로 자신의 시대에 행운과 젊음의 광휘를 통해 신화가 된 뒤 노화가 멈추지 않는 가운데 신화로 살아남고자 계속 시도하는 스타들의 쇠락보다 슬픈 건 없다.

연기를 계속하는 배우는 대체로 자신의 나이에 해당하는 역할을 맡는다. 그는 자신의 삶과 배역(혹은 '일')이 모순을 일으킨다고 생각하지 않는다. 새로운 역할을 맡는 것은 배우에게 항상 새로운 경험이 된다. 자신을 반복하지 않고서 새로운 삶을 살아가는 것이다. 한편 작가와 지식인은 배우보다 한층 더 많이 노출되어 있으며, 그리하여 반복을 피하고자 글에 인위적인 젊음의 분위기를 풍겨야 한다는 유혹에 빠지기도 한다. 사람들이 자연스럽다고 느끼는 머리색을 유지하기 위해 염색을 택하는 이들처럼 말이다. 따라서 우리는 작가와 배우 두 경우 모두에서 재능은 진실을 향한 욕구—결국에는 자신에게 격려가 되는—와 일치할 때 가장 위대하다는 결론을 내릴 수 있다.

나이가 어떻게 되시나요?

"나도 이제 성인이 됐어."[1]

프랑스어의 'Quel âge avez-vous?'[나이가 어떻게 되시나요?][2]를 감안하면 영어에서 나이를 묻는 질문은 무척 어색하다. 조동사 'to be'를 쓰는 영어에서는 'What age have you?'가 아니라 'How old are you?'를 사용하기 때문이다. 심지어 질문에 대한 답인 'I am……'이라는 표

---

1 [옮긴이] 원문은 Je suis majeur et vacciné로 '성인이 되다' 혹은 '스스로 모든 일을 할 수 있게 되다'라는 의미의 숙어다. 직역하면 '나이가 차서 예방접종을 받았다' 정도로 옮길 수 있는 이 표현은 프랑스에서 징병검사를 앞둔 성인 남성에게 의무적인 예방접종이 시행되던 시절에서 유래했다. 징병제가 유지되던 시기 프랑스에서 이런 예방접종은 성인기로 접어들기 위한 일종의 통과의례에 해당했다.

2 [옮긴이] 영어로 직역하면 What age have you?로 옮길 수 있다. 프랑스어에서 나이를 표시할 때 사용하는 동사 avoir는 영어의 have에 가깝다. 여기서 지은이는 영어의 be 동사와 달리 프랑스어에서는 '갖다'라는 뜻을 갖는 동사를 나이 표시에 사용한다는 사실에 주목해 이야기를 풀어 가고 있다.

현은 더욱 이상하다. 이렇게 마흔, 쉰, 예순 혹은 그 이상의 숫자로 스스로를 정의해야 하는 걸까? 어떤 의미에서는 그렇다. 그리고 나이가 지닌 의미를 결정하는 것은 다른 사람들과 사회 그리고 사회가 정한 규칙이다. 성년, 은퇴, 아카데미 프랑세즈Académie française 입후보 조건—마치 특정 나이가 지나면 더 이상 불멸을 염원할 수 없기라도 한 것처럼—과 같은 경우뿐 아니라, 정자은행의 기증 조건이나 임신을 위해 의료 기술을 원하는 부부의 나이 제한에 이르기까지 연령 조건은 모든 영역에 자리를 잡고 있다. 여든이 넘은 추기경은 더 이상 교황을 선출하는 콘클라베conclave에 참석하지 않는다. 요컨대 나를 죽음에, 내 죽음에 더 가까이 이끄는 가장 내밀한 요소인 시간에 따른 발달 정도는 등록되고 관리되며 규칙과 특례, 예외에 종속된다. 만약 내가 나이에 맞게 행동한다면, 즉 오직 내 나이에 맞게만 행동한다면 나는 집단적으로 인식된 규칙에 따라 엄격하게 정의되는 사회적·문화적 존재가 되는 것이다. 그런데 이렇게 누적된 규칙은 실제로 나와 관계가 있는 걸까? (프랑스를 기준으로) 스물한 살이 되면 나는 진정으로 '미성년자'를 벗어나게 되는 건가? 성인이 되는 기준이 3년 더 빨라진 요즘에는 이 변화가 정말로 그만큼 일찍 일어나나? 은퇴 이후에 나는 다른 누군가가 되는 걸까? 예순다섯이나 일흔 혹은 여든이 되면 더 이상 얘깃거리가 없어질까? 특히 기대 수명의 증가와 함께 증대해 온 자유와 관련된 문제가 하나 있다. '유통기한'을 넘긴 이들의 수가 점차 증가하고 있는 듯하다는 것이다. 이를테면 나이에 관한 규칙을 정할 때 이런 위험한 질문이 나올 수 있다. "언제 노인의 선거 참여를 금지할 것인가?"

　반대 관점에서 보면 우리는 유년기를 부분적으로 축소시켜 이해하고 있는 것이 아닐까? 16세 이하의 범죄는 진짜 미성년자의 행위일까, 아니면 질풍노도의 시기에 몰아친 특별히 비극적인 종류의 파도를 보여 주는 증거일까? 그럼에도 불구하고 우리가 인생을 살아가며 문턱들을 넘는다는 것은 여전히 진실이다. 물론 이 문턱들은 나중에 돌이켜 봐야만 비로소 인식할 수 있고, 개개인과 활동 영역에 따라 다양하게 존재한다. 그래서 누군가가 나이 든 테니스 선수인 동시에 젊은 경영인이나 장관일 수 있는 것이다.

일전에 어느 나이 든 여성이 매력적인 미소를 지으며 자신이 "어린 소녀의 영혼"을 유지해 왔다고 말하는 걸들은 적이 있다. 나는 그가 뜻한 바를 이해했다고 생각한다. 신체에 드리운 주름살과 피로를 넘어 변치 않는 감수성과 관점이, 일종의 영속성이 존재한다. 많은 이가 신체와 정신의 명확한 구별이 자연스럽다고 여기며, 또 이 때문에—다소 모호하지만—정신의 불멸성을 믿는다. 아마도 그 믿음에 힘을 보태는 건 노화를 버티지 못하는 몸과 달리 마음의 주체성은 계속 유지된다는 사실일 것이다.

얼마 전부터 나는 "나이가 어떻게 되시나요?"라는 질문이 당혹스럽다고 생각해 왔다. 무엇보다 내가 예전에는 의식하지 못했던 무례를 그 질문이 범하는 듯 보였기 때문이다. 또한 그럴 때 대답에 앞서 생각을 먼저 해야 했기 때문이다. 뭐라고 말할 것인가? 물론 나는 내 나이를 알고 있고 이야기할 수 있지만 확신하지는 않는다. 그럼에도 불구하고 다음 두 가지는 구분할 수 있다. 첫째로 나이 든 친구가 물을 때는 짜증이 나지 않는다. 우리는 대략 비슷한 나이기에 이미 답을 알면서도 묻는 경우가 대부분이다. 오히려 이따금 우리는 이렇게 나이를 세부적으로 밝히면서 즐거움을 얻는다. 누가 몇 주 차이로, 심지어는 며칠 차이로 더 어른인지 따져 보면서 마치 경쟁하듯 서열을 정하는 것이다. 우리가 농담을 주고받을 때 서로에게 던지는 조롱은 특정한 방식으로 우리의 심리 상태에 상응한다. 우리가 나이 들기는 했지만 그 사실을 항상 깨닫고 있는 건 아니라는 식이다. 비슷하게 같은 방향으로 이동하고 있기 때문에 그 이동을 의식하지 못하는 형국인 셈이다.

둘째 경우는 이렇다. 내가 나이를 말할 때 곤란함을 겪기 시작한 건 비교적 최근이다. 서른다섯 살을 넘긴 이후로 나는 마흔 살에 다가간다는 사실에 종종 불안감을 느꼈다. 그러다 일단 감정의 난기류와 수직기류 영역을 벗어나고 나니 특별한 감정 없이 나이와 나이가 지닌 높이를 마주할 수 있게 되었다. 내가 '구닥다리 노인네'hors d'âge가 되었다고 느끼기 시작한 건 예순네 살에 세상을 떠난 아버지보다 내 나이가 많아졌을 때였다. 어떤 특별한 괴로움도 없이, 그 사실을 부정하려는 최소한의 열망도 없이, 나는 더 이상 내 나이를 나와 동일시하지 않게 되었다. 그 나이가 국립통계경제연구소 Institut national de la statistique et des études économiques의 미묘한 구별에 따른 '특정 연도에 도달한 나이'든 '실제 지나간 햇수에 따른 나이'든 상관없이 말이다.

나이는 출생 이후 흐른 시간의 길이다. 나이는 아래 두

가지 정의에 따라 계산될 수 있다.

— 특정 연도에 도달한 나이

— 실제 지나간 햇수에 따른 나이

일반적으로 사용되는 나이는 '특정 연도에 도달한 나이'다. 이는 당해 연도와 개인이 출생한 연도 사이의 차이와 일치한다.

'실제 지나간 햇수에 따른 나이'는 가장 최근 생일을 기준으로 한다. 따라서 같은 해 태어난 모든 개인의 나이가 해당 일자에 전부 같지는 않다.

예를 들어 1925년 10월 10일에 태어난 사람이 1999년 4월 18일에 사망했다면 그는 '특정 연도에 도달한 나이'로는 74세다. 1999에서 1925를 빼면 74이기 때문이다. 하지만 '실제 지나간 햇수에 따른 나이'로는 73세다. 1999년 4월 18일에서 1925년 10월 10일을 빼면 73년 6개월 8일이기 때문이다.[3]

국립통계경제연구소 웹사이트의 구별은 명확해 보이지만 또한 나이를 질문받은 사람들에게 다양한 전략적 가능성을 제시하기도 한다. 우리 할아버지는 국립통

---

3 프랑스 국립통계경제연구소에서 내린 나이의 정의.

계경제연구소의 두 가지 계산 방법을 종합하는 식으로 자신의 나이를 말하곤 했다. 할아버지는 다음 해의 본인 생일에서 출발해 서수 방식으로 세어 나갔다. 할아버지는 일흔아홉 번째 생일날 "내 여든한 번째 해에 들어가기 직전이구나"라고 선언하셨다. 할아버지에게는 두 가지 야심 찬 목표가 있었다. 하나는 당신의 형수보다 오래 사는 것이었고, 다른 하나는 마을에서 최고 연장자가 되는 것이었다. 할아버지는 결국 그 둘을 모두 이루셨다. 하지만 항상 나이를 더 높게 부른 할아버지의 행동이 현기증 나도록 빠르게 흐르는 말년의 시간에 일종의 해학으로 대응한 건 아닐까 싶기도 하다.

나로서는 내가 [할아버지보다] 훨씬 더 '구닥다리 노인네'hors d'âge가 되었다고 느낀다. 그런데 프랑스어에서 이 표현은 시간의 무게를 부정하지 않고 오히려 중시하는 오래된 아르마냑[4]을 가리키기도 한다. 아르마냑 오르다주armagnac hors d'âge가 매우 오래된 여러 아르마냑을 혼합한 결과물인 것처럼 '구닥다리 노인네' 각자는

---

4 [옮긴이] 프랑스 남부의 아르마냑 지역에서 생산되는 브랜디의 일종.

자신의 기억 속에 동질적으로 남아 있지 않으며 재구성된 여러 과거를 한데 모은다. 이들 중에는 흐릿하게 남아 삶이 순식간에 흘러 버렸다는 인상을 주는 더 오래된 과거가 있는 한편, 영원에 가까운 세월을 살아 왔다고 나를 쉽게 설득하는, 보다 최근이지만 이미 망각의 길에 들어서기 시작한 과거 역시 존재한다. 또한 기억의 지평 위에 펼쳐진 흐릿한 연무 속에서 여전히 부유하고 있기에 위치와 시간을 정확히 파악하기 어려운 또다른 과거도 있다. 『악의 꽃』*Les Fleurs du mal*에서 보들레르는 "내겐 천 년을 산 것보다 많은 추억이 있다"고 읊기도 했다.[5]

물론 아르마냐과의 비유는 기만적이다. 이 비유는 시간의 혼합물이 일종의 우수성을 보장한다고 주장함으로써 경험이라는 개념의 모호함을 다시 들여오는 듯하다. 허나 여기서 '구닥다리 노인네'라는 표현은 매 순간, 나아가 우리가 '상황을 결산하고' '잠시 멈추려' 시도할 때마다 우리 각자 안에 나타나는 시간의 다양성을 의미할 뿐이다. 과거의 세월을 유심히 돌아볼 때 주된

---

5 Charles Baudelaire, "Spleen(II)", "Spleen et idéal", *Les Fleurs du mal*, 1857[「우울」, 『악의 꽃/파리의 우울』, 박철화 옮김, 동서문화사, 2016, 123쪽].

원칙(최소한 일반적인 방향성)마저 없다면, 지나간 시간을 더듬어 과거의 상대적 일관성을 회고적으로 파악할 수 있게 해 주는 뒤엉킨 실타래를 찾기 어려울 것이다. 대신 우리는 희망과 기대, 실망이 담긴 기억 속의 특정한 사실들 사이를 부유하는 혼합물에 직면한다. 거기에는 과거의 나날들에 기묘한 비일관성을 부여하는 기억의 구멍들이 나 있다. 그 구멍들은 우리가 가진 기억들이 실제로 우리 것이었는지 의심하도록 우리 삶을 짓누르는 모든 종류의 외적 제약에 대한 의식을 유발한다. 우리의 현재가 이미 우리를 지나쳐 달아나 버린 과거에서 비롯하지 않았듯이 우리의 미래도 현재에서 비롯하지 않으리라는 예감이 도래한다. 요컨대 이력서나 진로 계획과 정반대되는 이 예감은 단일한 개인으로 우리의 정체성을 바라보는 시각에 의심의 그림자를 드리운다.

자서전과 자기의 민족지

"그러기엔 당신은 너무 나이 들어 버렸어!"

문학적인 자서전을 쓰는 동력은 자신에 대해 이야기하려는 자기애적 유혹보다는 확실한 증거를 활용해 시간 속에 자신을 위치 지으려는 갈망에서 나오는 듯하다. 이런 갈망은 관광지에서 풍경이나 기념물을 직접 보는 대신 사진으로 남기느라 여념이 없는 관광객의 심정과 유사하다. 가벼운 사건과 찰나의 순간이 덧없음을 감안할 때, 지나간 체험을 분명한 믿음으로 바꾸어 남기기 위해서는 한 번이라도 대상을 다시 볼 필요가 있다. 또한 쉽게 기억을 빠져나가는 현재가 드리운 그림자로 인해 대상에 대한 기억이 이미 사라지고 있다는 걸 예상하고 대비하는 것도 중요하다. 이는 망각을 늦추는 경향이 있는 이른바 애도 작업과는 다르다. 타자가 더 이상 그곳에 존재하지 않는다는 사실을 인정하는 문제가 아니라 자신이 직접 그곳에 존재했다는 사실을 확인하는 문제인 것이다.

자서전에는 여러 종류가 있다. 어떤 자서전은 항해 일지와 유사하며 작성된 시점과 같은 시간대를 다룬다. 다른 종류의 자서전은 회고록에 가까운데, 현재를 언급하지 않는 건 아니지만 주로 과거의 사건들을 명시적인 소재로 삼는다. 이처럼 상이한 종류의 자서전들은 나이에 관한 문제에도 서로 다른 관점으로 접근한다.

일기를 쓰는 자서전 저자는 피라미드나 노트르담 대성당 앞에서 포즈를 취한 여행자처럼 해당 순간에 가깝게 자신을 묘사한다. 세심하게 장소와 날짜를 기록하는 이들은 이러이러한 해의 어느 날에 자신이 그곳에 있었음을 확실히 남기고자 한다. 하지만 자서전을 쓰는 이는 사진 속 관광객과 비교할 때 이중의 존재—텍스트의 저자이자 묘사되는 대상—라는 장점을 지닌다. 따라서 만약 그가 더 이상 자신을 텍스트의 저자로 여길 수 없거나 묘사되는 대상으로 인식할 수 없는 상황에 처한다면 이중의 놀라움을 마주할 것이다. 또한 그는 단순한 기술에 만족하지 않고 세부 묘사를 극단으로 밀어붙일 수도 있다. 자서전 『성년』*L'Âge d'homme*에서 증명사진으로 자신을 보여 주는 것보다 훨씬 충실하고 엄격하게 자기 모습을 서술한 미셸 레리스[1]처럼 말이다.

서른네 살, 이제 막 인생의 절반이 지났다. 신체적으로 보면 나는 보통 키지만 약간 작은 편이다. 머리가 곱슬거리는 것을 막고, 또 머리가 빠지면서 더 대머리가 되지 않을까 두려워 갈색 머리를 짧게 잘랐다······ 옷을 최대한 우아하게 입는 것을 좋아한다. 하지만 언급한 내 신체 구조상의 결점들과 가난하다고 할 수는 없지만 금전적으로 상당히 제한된 여건 때문에, 일반적으로 아주 세련되지는 않다고 스스로 판단하고 있다. 준비되지 않은 상태에서는 매번 창피할 정도로 못생겼다고 느끼기 때문에 예기치 않은 상태에서 거울을 보는 것을 나는 몹시 싫어한다.[2]

'자서전'에 '남자의 나이'l'âge d'homme라는 제목[3]을 붙였지만 사실 레리스가 관심을 보인 건 나이가 아니라

---

1 [옮긴이] 프랑스 초현실주의자로 활동한 작가이자 인류학자(1901~1990). 1924년부터 1929년까지 초현실주의 그룹의 멤버였으며 인류학자로서 아프리카 지역 연구를 수행하기도 했다. 『성년』은 레리스에게 세계적인 명성을 안긴 자서전적 성찰의 결과물이다.

2 Michel Leiris, *L'Âge d'homme*, Paris: Gallimard, 1973[『성년』, 유호식 옮김, 이모션북스, 2016, 27~28쪽].

3 [옮긴이] 한국어판은 『성년』으로 출간되었지만, 프랑스어 원제인 L'Âge d'homme는 직역하면 '남자의 나이'라는 뜻이다.

시간이었다. 그의 저작은 시간을 다룬 범주에 속하지 나이에 관한 작품에 속하지 않는다. 발터 벤야민은 레리스의 자서전이 향수의 표현이나 성숙함에 관한 명상이 아니라 무엇보다 자기에 관한 탐구라는 사실을 분명하게 이해했다. "인생의 절반"이 지났다고 말할 때 레리스의 목소리는 다소 부담을 느끼는 듯하다. 자기 유년기의 '형이상학'과 청년기의 신화에 관심을 둔 그는 자신의 가장 큰 특징으로 여긴 본질적인 우유부단함을 이해하기 위한 열쇠를 찾는다. 인생에서 겪은 일과 꿈 혹은 독서 경험에 빠져들면서 그가 유일하게 목표로 삼은 것은 '선'과 '악' 사이, 정지 상태와 운동 상태 사이를 끝없이 오가는 흔들림을 표현하고 정의하는 최선의 방법을 찾아내는 것이었다. 그는 연인이었던 비비안에게 직접 마법을 가르쳤다가 그 마법에 당해 브로셀리앙드 숲에서 길을 잃고 포로가 된 마법사 멀린에 자신을 비유한다.

이 이야기를 곰곰이 검토해 보면서, 여기에서 어느 정도 내 삶의 이미지를 발견할 수 있다는 생각이 자주 들었다. 비관주의로 꽉 차 있고, 대기 현상처럼 번쩍이는 삶의 동력을 비관주의에서 발견할 수 있다고 믿으며,

그 절망에서 더 이상 빠져나올 수 없음을, 그리고 자기가 건 마법의 함정에 빠졌음을 알아채는 날까지—그러나 너무 늦었다—자신의 절망을 사랑했던 한 남자의 삶 말이다.[4]

벤야민에 따르면 보다 구체적으로 이 함정은 문학적으로 살균 처리된 정신분석의 함정이었다. 바로 이것이 이에 대한 레리스의 확신에서 벤야민이 도출해 낸 교훈이다.

그렇게나 세심하게 정신의 목록을 검토했던 사람이 미래의 작품에 대한 희망을 간직하고 있었을 성싶지는 않습니다.[5]

이를 제외하면 레리스에게 정신분석의 경험은 흔히 그렇듯 그가 점진적이고 회고적으로만 파악했던 하나의 전체 기획 안에서 경험의 지위를 누렸던 것 같다. 분

---

4 [옮긴이] 레리스, 『성년』, 155쪽.
5 Walter Benjamin, *Gesammelte Briefe, Band 6(1938~1940)*, Berlin: Suhrkamp, 2000. Lettre à Max Horkheimer, 23 mars 1940, in "Georges Bataille: D'un monde l'autre", *Critique*, 788~789, janvier-février 2013, p.106.

명 그의 탐구는 자기 자신에게 초점을 맞추지만 이를 넘어 존재라는 문제에도 주목한다. 여기에는 특히 빙의 possession 현상을 연구하며 얻은 인류학자로서의 경험이 영향을 미쳤다. 오늘날 레리스를 다시 읽으면 근본적으로 문학적 성격을 지닌 그의 작품이 심리학과 정신분석의 영역보다는 민족지ethnologie,[6] 즉 자기의 민족지에 속한다는 인상을 받게 된다. 자신이 존재한다는 사실을 스스로에게 증명하고자 했던 레리스는 타자를 다룬 민족지에서 일종의 확신과 정당화를 발견한 것이다.

『성년』에서 레리스는 반복과 회귀, 망설임을 환기시키는데, 고대 로마의 왕자 섹스투스에게 능욕당한 뒤 자결로 로마 왕정의 몰락을 가져온 고결한 여인 루크레티아와, 아시리아의 장군 홀로페르네스를 유혹해 암살함으로써 아시리아 제국의 패배를 이끌어 낸 유디트라는 대조적이면서도 보완적인 두 인물을 통해 배열되는 이 요소들은 매우 문학적인 실존 양식을 갖는다. 또한 이들 요소는 저자의 펜 아래 다양한 모습으로 거듭

---

6 [옮긴이] 정확히 ethnologie는 타문화에 대한 연구를 수행하는 '민족학'을 가리키지만, 여기서 지은이는 작품으로서의 자서전, 즉 결과물로 나온 형태에 주목하고 있기에 민족학의 결과물인 '민족지'民族誌로 옮겼다.

등장하는 '나는 누구인가?'라는 질문에도 무수히 많은 간접적 대답을 이룬다. 여기에는 초현실주의에서 유래한 또 다른 질문, 즉 '나는 누구인가?'라는 질문 너머 혹은 그 기저에 깔린 '나는 무엇인가?'라는 질문—쥘리앵 그라크[7]의 『시르트의 바닷가』*Le Rivage des Syrtes*에 등장하는 "누구냐?"*Qui vive?*라는 파수꾼의 경고에서 감지할 법한—이 예기하는 반향*écho*이 존재한다. 빙의와 관련된 의례에서 수많은 방식으로 공식화되었던 '나는 무엇인가?'라는 질문은 시간을 멈춰 세운다. 빙의되었던 사람이 자신으로 돌아온 뒤 빙의된 경험을 잊어야 하는데는 충분한 이유가 있는 것이다.

기다림은 삶의 순간 속에서 표현되는 감정이다. 기다림이 현재의 윤곽을 너무나 강하게 드러내는 나머지 우리는 시간이 유예되어 있다는 인상을 받게 된다. 언뜻 보면 레리스에게는 이런 긴장*suspense*이 없는 것 같다. 왜냐하면 『성년』에서 그려 내는 유년기와 청년기의 장면은 그가 천 번은 다시 겪은 것처럼 보이기 때문이다. 하지만 기다림과 경험이라는 반대되는 움직임은 모

---

7 [옮긴이] 프랑스의 소설가(1910~2007). 대표작인 『시르트의 바닷가』로 받게 된 공쿠르상을 거부하면서 비로소 이름이 대중에 알려졌을 정도로 은둔 작가로 유명했다.

두 시간이라는 질료 속에서 어떤 수수께끼를 탐색하는 작업이기도 하다. 나는 누구인가, 나는 누구였는가? 누가 그곳으로 가는가, 누가 그곳에 사는가? 누가 거기 있는가? 누가 올 것인가? 나는 무엇—환상, 기억, 부재, 갈망 중 그 어느 것—인가? 긴장이 부여된 현재는 그토록 강하기에 한동안은 거기서 더 나아가거나 빠져나올 가능성을 모두 제거해 버린다. 이와 관련해 자기에 대한 탐구는 시간의 지속과 흐름, 혹은 나이에 관한 어떤 참조도 지워 버리는 일련의 정지 화면들에 의해 진행된다. 결국 그렇게 쓰인 자서전이야말로 가장 전기傳記다운 전기에 다름 아니다.

시간을 주제로 택한 글쓰기는 특정한 쾌감을 회복하려 시도한다. 과거 자체가 아니라 기억이나 망각의 정제精製를, 유년기가 아니라 성년기의 불확실성이라고 알려진 것을, 전체 역사가 아니라 글쓴이의 개인사를 스쳐 가거나 삼켜 버릴 듯 보였던 드문 순간을, 전쟁이 아니라 전쟁으로 야기된 기다림에 관한 독특한 경험—그라크의 또 다른 소설『숲 속의 발코니』*Un balcon en forêt*에 나오는 이야기처럼—을 말이다.

　글쓰기가 나이와 더욱 관련될 때(슈테판 츠바이크[8]의

『어제의 세계』*Die Welt von Gestern* 같은 경우처럼) 역사는 인생을 기술하는 데 보다 직접적인 영향력을 행사하며, 역사의 연대표나 인생의 단계는 개인적 여정에 더욱 선명하게 흔적을 남긴다. 나이를 다룬 작품은 인생의 비극에 한층 민감하며 잃어버린 낙원에 더 큰 향수를 느낀다. 츠바이크가 1904년에 찾았던 파리를 1940년에 떠올렸을 때 그가 적은 페이지는 여러 이유로 동요하고 있었다. 무엇보다도 1940년은 "나치의 고리십자기가 에펠탑에서 펄럭"인 해였기 때문이다.[9] 브라질로 망명한 츠바이크는 몇 달 뒤 자살을 택한다. 임종을 앞둔 누군가가 지나간 생애를 이야기하면서 주요 에피소드를 빨리 감기로 보여 주는 것 같은 그의 회고록은 자신에게 일어난 사건들의 요약이다. 츠바이크가 기억하는 파리, 즉 젊은 시절에 머물렀던 1904년의 파리는 완벽하게 이상적인 세계였다. 계급 구별이 덜 엄격했고, 인

---

8 [옮긴이] 독일의 소설가이자 전기 작가(1881~1942). 오스트리아 빈의 부유한 유대인 집안 출신으로, 역사적 인물과 유명 작가에 대한 평전들을 출간하며 명성을 얻었다. 1930년대 이후 나치의 압박을 피해 영국을 거쳐 브라질에서 말년을 보내다 2차 대전이 한창이던 시기에 유럽의 상황을 비관하며 자살했다.

9 [옮긴이] 슈테판 츠바이크, 『어제의 세계』, 곽복록 옮김, 지식공작소, 2014, 157쪽.

종 차별은 존재하지 않았으며, 여성이 자유롭고 모두가 행복한 곳이었다. "중국인, 스칸디나비아인, 에스파냐인, 그리스인, 브라질인, 캐나다인 등 모두가 센강변에서 자기 집에 있는 것처럼 편안함을 느꼈다."[10] 꿈의 파리에 대한 이런 매혹적인 묘사는 두 가지 모순적인 근거를 요구한다. 하나는 츠바이크의 묘사가 잃어버린 꿈의 재현에 바탕을 둔다는 것이며, 다른 하나는 명백히 이상화되기는 했지만 그런 식의 묘사에 어느 정도의 진실―그렇기에 오늘날 더욱 애석함을 불러일으키는―이 담겨 있다는 것이다. 인간은 나이가 들며 도시도 마찬가지다. 츠바이크가 회상한 1904년의 파리는 의심의 여지 없이 환상이었지만, 그 환상에 생명을 불어넣을 수 있었던 파리가 존재했던 것 역시 분명 사실이다. 오늘의 파리가 여전히 그런 시적인 힘을 보유하고 있는지는 확신하지 못하겠지만.

나치로부터 해방된 이후 파리에 돌아온 순간을 떠올려 보면 한동안 나도 분명히 이와 유사한 환상을 경험했다. 모든 시민이 행복함과 기쁨을 만끽하는 듯 보였다. 1945년에 나는 열 살이었고 거리는 온통 휘파람으

---

10 [옮긴이] 같은 책, 159쪽.

로 가득했다(요즘 같은 세상이면 누가 길거리에서 휘파람을 불겠는가?). 그 시기에 들었던 노래들의 후렴구가 머릿속에 무수히 남아 있을 정도다. 당시는 라디오 탤런트 쇼의 시대였고, 파리 각지에서 생-그라니에[11]가 '우리는 동네에서 노래하네'On chante dans mon quartier라 불린 방송("플룸 플룸 트랄랄라, 여기 우리는 집에서 노래 부르네"라는 후렴이 유명한 노래와 제목이 같은)에 출연하던 때였다. 내 눈에 당시는 보편적인 희열로 가득 차 있었다. 아이들은 초콜릿과 껌을 달라고 영어로 얘기하며 울긋불긋한 미군 병사들 뒤를 졸졸 따랐고, 해방군은 웃으며 한 움큼씩 나눠 주곤 했다. 내가 살면서 분명히 경험했던 꿈의 파리에 대한 이런 묘사는 과거가 분명히 지나간 시간임을 보여 주는 최고의 실례다. 내 인생의 한 순간과 역사 속의 한 순간이 그렇게 교차하는 일은 결코 다시 일어나지 않을 테니 말이다. 따라서 오늘날 내게 깊은 인상으로 남아 있는 건 당시 내가 느낀 보편적인 희열의 주관적인 본성과 부분적인 환상이 아니라 그 순간이 영원히 지나가 버렸다는 확실함 자체다.

슈테판 츠바이크의 회상에서 파리라는 빛나는 장소

---

11 [옮긴이] 프랑스의 배우이자 샹송 가수(1890~1976).

는 지나간 나날에 대한 묘사에 깊이를 더하며, 건너뛸 수도 없고 돌이킬 수도 없는 흘러간 시간의 무게를 강조한다. 그는 나이라는 명백한 사실에, 불길한 현재에, 되돌릴 수 없는 것처럼 보이는 망명 경험의 본질에 붙들려 있다. 1904년이라는 해는 다시 오지 않을 것이다. 츠바이크가 쓴 회고록의 일차적인 주제는 자기의 탐구가 아니라 누군가에게는 다른 이보다 더욱 비극적이었던 세기의 역사—사건들의 중단과 가속, 극적인 전환이 삽입된—와 뒤섞인 시간의 흐름이다.

자신의 마지막 책에서 요약했듯 그럼에도 불구하고 츠바이크의 삶은 한 편의 소설과도 같았다. 그리고 거기에는 항상 수동적인 무언가가, 상황에 따라 매혹, 공포, 호기심 혹은 희망과 연결된 기다림이라는 형태로 존재했다. 이를테면 나이와 관련된 수동성은 그에게 숙명으로 다가왔다.

이렇게 작업, 여행, 공부, 독서, 수집, 향유와 함께 세월은 지나갔다. 1931년 11월의 어느 날 아침 눈을 뜨자 난 50세였다.[12]

12 Stefan Zweig, *Le Monde d'hier. Souvenirs d'un Européen*, Paris: Le Livre de Poche, 1996[『어제의 세계』, 450쪽].

다른 한편으로 성공과 관련된 수동성은 그가 저술한 어마어마한 양의 작품과 이를 읽은 독자에 대한 일종의 놀라움으로 나타났다. 이와 더불어 츠바이크는 그 성공 뒤에 무엇이 뒤따를지—개인적인 차원에서든(앞으로 쓰일 작품이라는 측면에서), 역사라는 외부의 사건에 의해 촉발되는 차원에서든—알고픈 조바심도 느꼈다.

그래서 나는 이 50회 생일에 마음속 가장 깊은 곳에서 부정적인 소망 하나만을 가졌다. 즉 이 안정과 쾌적함을 빼앗아 가서, 내가 단지 계속해 나가는 것이 아니라 다시 새로이 시작하도록 강요하는 어떤 일이 일어나면 좋겠다는 것이었다.[13]

이 문장을 쓴 1941년에 그는 이미 자살을 결심한 상태였고, 그보다 10년 전인 쉰 번째 생일 당시 가졌던, 이전보다 더 험난한 삶—결국에는 현실로 다가왔지만 결코 의식적인 의지에 따른 것은 아니었던—에 대한 소망이 어디에서 온 건지 궁금해했다.

---

13 [옮긴이] 츠바이크, 『어제의 세계』, 453쪽.

나에게 물어 온 것은 다만 지나가는 생각일 뿐이었고, 아마도 내 생각이기보다는 내가 알지 못하는 깊은 곳에서 찾아온 생각이었을 것이다.[14]

"지나가는 생각"이라는 표현이 회고적 차원에서 떠오른 말이며, 숙명적인 역사의 질서에 주목한 것이라 가정하고 싶기도 하다. 그리고 이 말에 담긴 불길한 예감은 개인의 이야기와 역사 자체의 결합이 지닌 돌이킬 수 없는 성질에 관한 깨달음에 가까울 것이다.

물론 정의상 회고록은 결코 그것이 기록한 사건과 동시대의 것일 수 없으며, 그것의 회고적 시선은 이 장르의 글이 시간과 나이, 미래를 환기시키는 방식을 조건 짓는다. 그런데 일부 저자는 회고록을 택하고 다른 저자는 계속해서 일기를 쓰며, 또 다른 저자는 스스로를 자서전 작가로 여기고 어떤 저자는 자신의 전기적 사실을 의식적이고 명시적으로 언급하지 않으려 거듭 노력한다.

장-폴 사르트르와 유사하게 사건과 감상을 적어 내려간 노트를 활용해 『나이의 힘』La Force de l'âge[15] ― 제2

---

14 [옮긴이] 같은 책, 453쪽.

차 세계대전 동안과 종전 직후의 일들을 다룬──을 집
필한 시몬 드 보부아르는 시간을 기록하는 두 가지 방
법, 즉 일기와 회고록을 결합한다. 전쟁이 발발하고 사
르트르가 징집된 1939년 9월부터 보부아르는 수개월
동안 이후 자서전의 일부가 될 일기를 계속해서 써 내
려갔다("그리고 어느 날 아침, 올 것이 왔다. 그때 고독과
불안 속에서 나는 일기를 쓰기 시작했다……").[16] 그로 인
해 책은 전체적으로 이중의 템포를 가지게 된다. 이야
기의 배경에는 독자들과 마찬가지로 책이 출간된 해인
1960년에 보부아르가 이미 인식하고 있던 전쟁의 공포
와 그 결과가 놓여 있다. 하지만 무엇보다도 이야기의
전경에는 순수하게 개인적인 일화들이 담긴, 일상의 수
준에서 경험한 역사가 자리하고 있다. 책의 대부분에서
보부아르는 나이의 편이 아니라 시간의 편에 선다. 그
중심에는 이중의 긴장이 존재한다. 이 긴장은 물론 전쟁

15 [옮긴이] 시몬 드 보부아르의 자서전 시리즈 중 하나로 1960년
    출간되었다. 한국어로는 『계약결혼』이라는 제목으로 번역된
    바 있다. 다른 자서전으로 『소녀 시절』*Mémoires d'une jeune fille
    rangée*, 1958, 『사물의 힘』*La Force des Choses*, 1963, 『사랑과 여행의
    긴 초대』*Tout compte fait*, 1972가 있다.
16 [옮긴이] 시몬 드 보부아르, 『계약결혼』, 이석봉 옮김, 선영사,
    2001, 219~220쪽.

그 자체에서 유래했지만, 다른 한편으로는 보부아르 자신이 일종의 장기 휴가였던 전쟁 기간 동안 겪은 경험에 기인한 것이기도 했다. 특정 배우들(로트망,[17] 카바예스,[18] 니장,[19] 데스노스[20] 등의 역사적 인물들)이 무대를 넘나드는 연극과도 같았던 전쟁은 거시적인 역사에 의해 들이닥친 사건이었다. 하지만 또한 의심의 여지 없이, 심지어는 더더욱 보부아르 자신의 경험이기도 했다. 연인 사르트르는 물론이고 그 시기에 보부아르가 만난 적 있는 레리스와도 마찬가지로 내면의 모험(나는 무엇을 써야 할까? 나는 무엇이 되어야만 할까?)이야말로 모든 것에도 불구하고 가장 매혹적인 것이기 때문이다. 내면의 모험을 감행하지 않는다면 아무리 준비를 끝냈다 해도 위험을 감수하겠다는 마음이나 죽음에 처할 수도 있다는 생각을 (적어도 뚜렷한 형태로는) 가질 수 없다.

17 [옮긴이] 알베르 로트망(1908~1944). 프랑스의 수리철학자. 전쟁포로로 잡혔다가 탈출했으나 독일군에 의해 사살되었다.

18 [옮긴이] 장 카바예스(1903~1944). 프랑스의 철학자이자 수학자. 2차 대전 동안 레지스탕스로 활동했으나 붙잡혀 독일군에게 처형되었다.

19 [옮긴이] 폴 니장(1908~1940). 프랑스의 소설가. 2차 대전에 장교로 참전했으나 덩케르크에서 전사했다.

20 [옮긴이] 로베르 데스노스(1900~1945). 프랑스의 시인. 레지스탕스에 가담했으나 체포되어 나치 수용소에서 사망했다.

비중의 차이는 있지만 시간과 나이라는 두 요소의 굴절은 모든 저자에게서 나타난다. 심지어 일기를 계속 써 왔거나 쓴 적이 있는 저자들도 때로는 하루하루를 기록하는 이 방식에서 거리를 둘 필요를 느낀다. '자신의 시간과 결혼'하는 데서 즐거움을 느끼다가 이제 다 끝나 버렸고 자신은 나이가 들어 버렸다는 다소 불편한 사실을 성찰하면서 삶을 검토하고 질문을 던지게 되는 것이다. 여기서 우리는 클로드 모리아크[21]와 그가 수십 년간 간행했던『움직이지 않는 시간』*Le Temps immobile*을 떠올릴 수도 있다. 혹은 다시 한 번 보부아르에게 되돌아가 쉼을 맞아 쓴『나이의 힘』의「여는 글」을 살펴보아도 좋겠다. 거기서 보부아르는 이전 작품이자 스무 살까지의 이야기를 다룬『소녀 시절』*Mémoires d'une jeune fille rangée*을 집필한 경위와 처음에는 의도하지 않았던 속편인『나이의 힘』을 쓰게 된 사정을 밝히고 있다. 그에 따르면『소녀 시절』을 집필한 건 영원히 사라질 수도 있을 청소년기를 되살리기 위해서였다.

21 [옮긴이] 프랑스의 소설가이자 평론가(1914~1996). 1944년부터 1949년까지 샤를 드골의 비서직을 수행하며 다양한 평론을 썼다. 1974년 이후부터는 시대의 증언으로서『움직이지 않는 시간』을 계속 간행했다.

오래전부터 나는 내 인생 첫 20년간의 이야기를 나 자신에게 하려고 마음먹고 있었다. 내 모두를 흡수할 수 있는 성숙한 여성을 향해 소녀 시절에 꿈꾸었던 호소를 결코 잊은 적이 없다. 그 호소란 바로 이런 것이었다. 지금의 나는 아무것도, 재 한 줌조차 남겨 놓지 못할 것이다. 그러나 언젠가는 나를 침체시킨 무無 속에서부터 나를 끌어올려 보일 것이다. 이런 오랜 옛날부터의 소망을 성취하기 위해 내가 책들을 쓴 것인지도 모른다.[22]

한편 『나이의 힘』은 이 이야기에 기원이라는 의미를 부여하고자 집필을 시작했던 것이었다. 보부아르는 이렇게 덧붙인다.

나는 이보다 많이 쓰고 싶었고, 또한 이보다 적게 쓰고 싶었다. 내 회상의 첫 권에 속편이 필요하다는 확신이 더욱더 강해진 것이다. 작가 지망의 이야기만 하고 그것이 어떻게 구현되었는지를 이야기하지 않으면 의미가 없다는 생각이 들었다.[23]

---

22 Simone de Beauvoir, "Prologue", *La Force de l'âge*, Paris: Gallimard, 1986[『계약결혼』, 7쪽].
23 [옮긴이] 보부아르, 『계약결혼』, 8쪽.

레리스의 자서전에서도 그랬듯이 시간에 대한 관찰은 무엇보다도 자아를 탐색하는 수단이다. 나이에 관한 언급은 자아에 대한 관찰에서 참고가 될 뿐이다. 신중하고 의식적이면서도 단호하게 보부아르는 1939년 11월 4일 일기에 이렇게 쓴다.

내가 분명한 무엇인가로 변해 가고 있다는 느낌이 든다. 이제 곧 서른둘이 될 거고 나는 성숙한 여자임이 분명하지만 그게 어떤 여자인지 알고 싶다.[24]

회고록이든 일기든 누군가의 삶에 관한 이야기는 많은 독자의 관심을 끈다. 이는 회고록이나 일기가 가진 이중의 템포—혹은 '이중'이라는 표현에 담긴 함의를 배제하지 않는다면 '이중 언어'double langage라 불러도 될 법한—덕분에 독자들이 다른 이의 글에서 자신의 인생을 재발견할 수 있기 때문이다. '인식'reconnaissance이라는 단어가 '재발견'과 '감사'라는 두 의미를 지니듯 독자들은 글을 읽으면서 자신을 재발견—혹은 적어도 시간이 안기는 불안 속에서 자신의 양가성을 재발견—

24　[옮긴이] 보부아르, 『계약결혼』, 244쪽.

하고 저자에게 감사하게 된다. 사실 우리 안에는 하나의 내적 목소리가 존재하는데, 때때로 속삭임과 중얼거림, 의성어, 찡그림으로, 더 드물게는 ("우리가 자신에게 말하고 있을 때") 명료한 단어 몇 개로 스스로를 드러낸다. 이 목소리는 우리의 가장 일상적인 현실에 참견하고 우리를 방해하며 때로는 가혹한 말로 우리를 평가("이런 바보멍청이 같으니!")하기도 한다. 요컨대 내적 목소리는 우리가 '구닥다리 노인네'hors d'âge가 되었다는 의식을 언어로 표현한다. 즉 우리 삶의 과정에 동반되고, 우리가 스스로에게 거리를 두게 만들며, 운명과 우연, 나이와 무관하게 자유로이 부유하는 관심의 일부를 우리 안에 보존하는 일상적인 성찰을 표현하는 것이다. 만약 다소간의 환멸조로 "아, 이런, 너무 늙어 버렸군. 이젠 더 이상 젊어 보이지 않아……"라고 자신에게 말한다면, 이는 스스로에 대한 동일시 없이 스스로를 인식하고 한쪽으로 밀어 두는 것이다. 마치 자신에게서 조금은 빠져나왔지만 스스로를 완전히 잃어버리지는 않은 등장인물을 그려 낸 작가라도 된 것처럼 말이다. 이처럼 분열된 의식이 존재한다는 사실은 우리가 소설이 사용하는 일반적인 장치(등장인물들의 주체성을 초월하는 전지전능한 작가)에 놀라지 않는 까닭을, 그리고 우리가 많은 소설에서 우리 삶에 관한 은유를 대략적으로나마 찾으려 하는 까닭을 설명해 줄지도 모른다.

사르트르와 레리스를 떠올리며 보부아르를 다시 읽다 보면 자연스럽게 내가 오랫동안 살았던 파리의 일부와 평생 내게 각인된 역사의 한 조각을 상기하게 된다. 이 작가들이 성인기에 도달했을 때 나는 어린아이에 불과했지만 말이다. 후일 이들을 직접 인터뷰한 적도 있으나 이들의 작품이 남긴 이미지야말로 모호한 상태로나마 가장 끈질기게 내 안에 남아 있다. 거의 기억의 지위를 차지한 그 이미지는 기억이란 무엇인지에 관해서도 시사점을 준다. 내가 여러 시기에 걸쳐 자주 찾았던 장소들을 재발견하게 해 준 복합적 집합체인 『나이의 힘』은 1940년대의 삶을 놀라울 정도로 정확하게 묘사했다. 그리고 이 책을 처음 읽은 스물다섯 살 때 내가 얻었던 생생한 에너지는 어떤 의미에서는 나에 관해서도 많은 것을 말해 주었다. 다른 한편으로 그건 오직 나만을 향한 말이기도 했는데, 여기서 '말'이라는 단어에 대해 합의할 필요가 있을 듯하다. 만약 내가 이 말을 옮겨 기록할 수 없다면 그건 문법적 명확함이라는 문제 탓이 아니다. 아마도 시적 질서를 직관하는 문제 때문일 것이다. 조화를 이룰 운명으로는 보이지 않는 멀리 떨어진 요소들 간의 예기치 못한 접촉을 수립하는 직관 말이다. 하지만 이 시는 절대 쓰이거나 읽히지 않을 것이다. 그 시를 들을 수 있는 건 오직 나뿐이며, 심지어 나 자신에게 그 시를 흥얼거릴 수도 없을 터다. 우리 모두는 오직 시간으로만 이루어졌기에 나이에 저항하는 그런 시의 담지자다.

따라서 문제가 되는 건 물질로서의 시간이요, 우리가 기꺼이 다듬으면서 구성하고 재구성하는 시간이며, 즐거움을 얻기 위해 함께 노는 시간이다. 나이 든 친구들이 다시 만나 기억을 나눌 때 이들은 지난날의 운치를 다시 회복할 수 없다는 걸 잘 안다. 게다가 이건 좋은 일이기도 한데, 예전의 기억들은 사실 따분하고 지루한 경우가 많기 때문이다. 하지만 그들은 기억을 나누는 과정에서 노화와 흘러가는 시간으로부터 자신을 떼어놓을 수 있는 즐거운 무언가를 재발견한다.

그들은 서로 상대방의 기억을 보충해 가며 장황하게 이야기를 늘어놓았다. 그리고 이야기가 끝나자 프레데릭이 말했다. "그때가 제일 좋았어!"

"그래, 어쩌면? 그때가 제일 좋았어!" 델로리에가 말했다.[25]

『감정 교육』*L'Éducation sentimentale*의 주인공들은 젊은 시절 노장에 위치한 터키식 유곽으로 떠났던 딱한 모험을 위와 같이 회상한다. 이 소설의 결말 부분은 두 친구의 깨어남을 문학적으로 그려 내고 있다. 두 사람은 정치와 사랑이라는 각기 다른 환상에서 깨어났지만, 둘 모두 일종의 결핍에 의한 이중의 깨달음 속에서 자신을 재발견한다. 감정 교육이란 무엇보다도 자신을 재발견하게 해 주는 망각을 통해 자신을 형성하는 (어쩌면 이기적인) 경험—나이에 관한 경험과 혼동될 수 없는 시간에 관한 경험—아닐까? 나아가 이 깨어남을 '재발견'[재회]retrouvailles으로, 즉 관계의 재탄생으로 만드는 과정에는 어떤 공모 감정이 존재한다. 이 과정은 영예롭지도 않지만 완전히 절망적이지도 않다. 그 결과는 실패지만 그로부터 다른 이야기가 또 시작될 수 있으니 말이다.

레리스와 보부아르는 그렇게 멀리 떨어져 있지 않다. 장-자크 루소와 그가 쓴 『고독한 산책자의 몽상』*Les Rêveries du promeneur solitaire* 역시 마찬가지다. 자서전이

---

25 Gustave Flaubert, *L'Éducation sentimentale*, Paris: Gallimard, 2005[『감정 교육』2권, 지영화 옮김, 민음사, 2014, 294쪽].

나 회고록을 쓰는 행위는 선택적 소거를 활용한다는 점에서 폐허를 빚어내는 시간의 효과와 비교할 만하다. 즉 모든 독창적인 작품의 배후에는 얼마간의 망각이, 적어도 기억과 망각을 구별하지 않는 시간과의 관계가, 자신의 재발견이나 신앙적 갱신(성공적인 종교 의례의 경우에 볼 수 있는)과 비슷한 무언가가 있다. 분명 글쓰기는 이미 흘러갔고 흘러가는 중인 삶, 다시 말해 나이에 대해 이런 역할을 수행한다. 즉 재탄생이나 재발견 등 시간의 재개와 관련한 감정을 참가자들이 받아들이게 만드는 의례의 역할을 맡는 것이다.

그 사랑스러운 섬으로 가서 다시는 거기서 나오지 않고, 사람들이 오래전부터 즐겨 내게 퍼부었던 온갖 종류의 불행에 대한 기억을 상기시키는 육지의 인간들을 누구도 다시 만나지 않은 채 여생을 마칠 수는 없을까!……내 영혼은 혼란스러운 사회 생활에서 비롯되는 모든 세속적인 정념으로부터 해방되어, 자주 대기 위로 날아올라 천상의 영靈들과 미리 교제하리라. 머지않아 그 영들의 수를 늘리러 가게 될 테니까. 그토록 평온한 은신처에 나를 내버려 두려 하지 않았던 사람들이 내게 그곳을 돌려주지 않으리라는 것을 나는 잘 알고 있다.

그러나 그들은 내가 날마다 상상의 날개를 타고 그곳으로 날아가, 그곳에서 살던 때와 똑같은 기쁨을 몇 시간이고 맛보는 것만은 막지 못하리라. 내가 거기서 할 수 있는 가장 즐거운 일은 마음껏 몽상에 잠기는 일일 것이다. 거기에 있다는 몽상에 잠김으로써 나는 똑같은 일을 하고 있는 것이 아닐까? 아니, 그 이상의 일을 하고 있다. 나는 추상적이고 단조로운 몽상의 매력에 매혹적인 영상을 덧붙여 몽상에 생기를 불어넣는다. 예전에 나는 황홀경에 빠지면 곧잘 그 영상의 대상들을 느끼지 못했는데, 지금은 몽상이 깊어질수록 몽상이 더욱 생생하게 그 대상들을 그려 보여 준다. 나는 종종 실제로 그곳에 있었을 때보다 훨씬 더 즐거운 기분으로 그 대상들 한가운데에 있다. 하지만 불행히도 상상력이 쇠퇴해 감에 따라 그런 상태에 이르기가 더 힘들고, 그런 상태가 그리 오래 지속되지도 않는다. 아아, 슬픈 일이로다! 사람은 육신의 껍데기를 버리려 할 때 그것에 가장 가로막히고 마는구나![26]

26 Jean-Jacques Rousseau, *Les Rêveries du promeneur solitaire*, "Cinquieme promenade", 1776~1778[「다섯 번째 산책」, 『고독한 산책자의 몽상, 말제브르에게 보내는 편지 외』, 진인혜 옮김, 책세상, 2013, 83~84쪽].

루소는 1776년 파리에 머물 때부터 시작한『고독한 산책자의 몽상』집필을 1778년 에름농빌에서 세상을 떠날 때까지 계속했다. 방금 인용한 다섯 번째 산책의 결말은 여러 정신적 활동과 영혼의 약동을 개괄하는데, 글을 쓰고 있는 바로 그 순간에 저자의 성찰은 서로 다른 주제를 다루고 있는 듯하다. 첫째는 생피에르섬에서 보낸 기억에 대한 갈망, 더 정확히는 거기서 겪은 몽상으로 도피하는 순간에 대한 갈망이다. 그와 거의 동시에 항상 이런 몽상 속으로 자신을 던졌다는 인식—자신의 실존을 물리적으로 느끼게 해 준 호수 물의 움직임을 이제는 오직 상상으로만 다시 경험할 수 있음에도 불구하고—이 있다. 바로 이어서 루소는 10년 전보다 이 글을 쓰는 지금 순간에 자신의 몽상이 더욱 완전하다고 언급하는데, 이는 이 글쓰기로 인해 존재와 도피의 뒤섞임—그가 느낀 "황홀경"과 그를 환영해 준 장소의 "매혹적인 영상"을 구성하는—이 강화되기 때문이다. 마지막으로 그는 상상력과 선명한 기억력을 제약하고 약화시키는 몸의 노화를 언급한다.

　　즐거운 상상을 담은 후반부의 언급에도 불구하고, 그리고 자신에게 여전히 고통을 주는 상처에도 불구하고『고독한 산책자의 몽상』의 저자는 여기서 주목할 만한 평정심을 보여 준다. 그것은 폭풍우가 지나간 뒤의 고요함이나 저녁놀과 같이 모든 것에도 불구하고 무언가는 성취했다는 감정이다. 따라서 나이에 관한 두 언급("오래전부터" 그가 당했던 박해의 기억과 "육신의 껍데기를 버리려 할 때"가 다가온다는 사실)은 비선형적 시간을 환기시킨다. 이전보다 이후가 더욱 풍부하고 정확한 시간, 지나간 시간과 대비해 남아 있는 시간, 즐거움과 행복을 제공하는 시간을.

루소는 글쓰기가 나이를 시간으로 대체하게끔 해 주는 도구라고 썼다. 우리가 알다시피 그는 『고독한 산책자의 몽상』을 완성하지 못한 채 세상을 떠났다. 죽음이 그의 집필 속도를 앞지르고 말았지만, 영원히 완결되지 않은 채 남게 되는 건 모든 위대한 작품의 숙명이다. 이들 작품은 자신에게 관심을 보인 독자에게 자신의 존재만으로도 나이라는 것이 그다지 중요하지 않음을 입증한다. 시간이 흘러도 계속해서 읽히는 작품은 질문거리를 제공하며 제 가치를 높일 것이다. 그리하여 작품은 더 이상 저자에게 귀속되지 않고 저자 역시 작품에서 떨어져 나가게 될 것이다. 심지어 우리는 저자가 더는 그 자신에게 속해 있지 않게 될 것이라고까지 말할 수 있다. 이는 저자가 가질 수 있는 가장 겸손하면서도 가장 야심 찬 꿈에, 그리고 저자가 유지할 수 있는 가장 현명하면서도 가장 무모한 환상에 들어맞는다. 그건 바로 나이 따위는 신경 쓰지 않고 자연스럽게 시간이 흐르도록 두는 것이다.

글을 쓴다는 건 조금씩 죽어 가는 것이다. 하지만 조금 덜 외롭게 죽는 길이다.

클라스

"저는 55클라스에 속합니다."[1]

공간은 시간을 재현할 뿐 아니라 지배하고 배열하며, 심지어는 멈춰 세우기까지 한다. 혹은 우리로 하여금 그렇게 느끼도록 유도한다. 이를테면 몇 살이냐는 질문을 받았다고 가정해 보자. 질문을 이해한 뒤 입을 열어 답하는 사이에 우리는 이미 몇 초 동안 나이를 먹는 셈이다. 하지만 신분증을 꺼내 확인할 수 있는 우리의 생년월일은 단단히 고정된 값이다. 프랑스에서는 열다섯 살이 되면 더 이상 부모 여권에 동반해 해외로 나갈 수 없으며 본인 여권을 만들어야 한다. 즉 자신의 생년월일

---

1 [옮긴이] 여기서 '55'라는 숫자는 지은이의 출생 연도인 1935의 마지막 두 자리에 20을 더한 값이다. 이 숫자의 의미는 이번 장의 서두에서 확인할 수 있는데, 한국의 경우 비슷한 개념으로 '학번'을 들 수 있을 듯하다. 물론 프랑스의 '클라스'는 남성에게만 해당하고, 학번은 대학 미진학자나 재수생 등의 이유로 해당 연도 출생자 모두를 포함하지는 않는다는 차이가 있다.

을 공식적으로 기재할 자격을 갖추게 되는 것이다. 한편 프랑스에서 징병제가 유지되던 시절에는 남자라면 누구나 자신이 태어난 해에 20을 더한 결과 값의 마지막 두 자리로 정해지는 '클라스'classe에 소속되었다. 20세기의 남성에게 '46클라스' 소속이라는 것은 1926년에 태어났다는 사실을 뜻했고, '09클라스' 소속은 1889년에 태어났음을 가리켰다. 병무청이 징병검사를 실시하는 날이면 아직 미성년자에 해당했던 스무 살의 젊은 남성은 누구나 각 지역의 정해진 장소에 집합해야 했다. 그리고 검사를 받기 위해 옷을 모두 벗고 알몸이 되어야 했다. 그곳에서 그들은 제2의 탄생을 맞이했다.

누군가의 클라스를 언급하는 건 별도의 계산을 요하는 일이 아니었다. 나이와 달리 클라스는 해가 지나도 변하지 않기 때문이다. 클라스는 누군가의 영구적인 정체성을 구성하는 요소였다. 또한 하나의 집단에 대한 소속과 결속을 구성하는 요소였다. 시골 지역에서는 종종 사람들이 다른 누군가에 대해 이야기할 때 "우리 사촌"이라 부르는 것처럼 "우리 클라스"라고 지칭하기도 했다.

그랑제콜grandes écoles[2]의 졸업 연도와 달리 클라스는 누구도 배제하지 않고 지역을 기반으로 하나의 전체 세대를 포괄하는 개념이었다. 사실 병역 자체는 젊은이들을 다른 지역으로 이동하게끔 했으며, 어떤 이에게는 병역이 동네를 떠나는 유일한 기회기도 했다. 하지만 클라스와 관련한 병무청의 공식 업무는 지역의 이웃에 사는 이들을 한데 불러 모으는 것이었다. 클라스는 개인 정체성과 (관계들의 집합체로서의) 집단 정체성을 함께 승인하는 동시에 그 둘을 시간 속에 고정시키고 공간 속에 새겨 넣는 역할을 맡았다.

프랑스에서 징집병의 클라스는 제2제정[3] 시기로 거슬러 올라가며, 징병제가 폐지된 이후에는 상징적인 의미를 잃었다. 클라스의 내부 논리는 아프리카의 연배 체계(이 역시 군사적인 기능을 수행했다)[4]와 같은 질서로 이루어졌다. 그 정의의 기저를 이룬 것은 반복적이고 순환적인 시간이라는 개념이다. 클라스가 계산되고 명명되는 방식에 따르면 똑같은 클라스가 100년에 한 번

---

2 [옮긴이] 엄격한 선발을 통해 우수한 인재를 양성하는 것을 목표로 하는 프랑스 고유의 엘리트 고등교육 기관으로 고등사범학교, 에콜 폴리테크니크, 파리 경영대학 등을 아우른다.

3 [옮긴이] 프랑스 제2제정은 나폴레옹 3세 재위 기간(1852~1870)에 해당한다.

4 [옮긴이] '연배'는 삶의 일부 혹은 전 단계를 거치며 함께하는 연령이 비슷하고 성별이 같은 사람들의 집단을 가리키는 용어다.

씩 다시 등장할 수밖에 없다. 따라서 인간 수명의 연장을 감안한다면 조만간 100살이 넘은 남성이 클라스가 같다는 이유로 스무 살 남성들의 클라스에 수줍게 합류하는 모습을 보게 될지도 모른다. 이는 연령 간의 간격이 더 좁았던 아프리카의 연배 체계에서도 종종 있었던 일이다.

코트디부아르 동부에 위치한 모계 집단 아티에Atié 사회에는 크게 세 개의 연배가 존재했고 각각은 다섯 개의 하위 집단으로 나뉘었다. 아들들은 아버지가 속한 연배를 뒤잇는 연배의 다음 연배, 즉 차차기 연배에 속했다. 두 명의 형제는 같은 연배에 속할 수 있었지만 같은 하위 집단에는 속할 수 없었다. 과거 이러한 연배 체계는 마을의 영역을 셋으로 나눔으로써 조직되었다. 아버지(권력을 가진 세대) 연배는 중앙 지역을 차지했고, 아들 연배는 저지대를, 그 둘 사이에 놓인 연배는 고지대를 차지했다. 인류학자 드니스 폴므는 아티에족 남성이 경험하는 전통적인 삶의 여정을 이렇게 묘사했다.

아버지 집에서 태어난 아들은 성년이 되면 집을 떠나 마을의 저지대에서 고지대로, 그다음에는 다시 중앙 지역으로 옮겨 가며, 이는 아버지 연배와 한 세대 간격을

두고 동일하게 진행되는 과정이다. 따라서 아들은 자신이 나고 자란 집이 속한 주거지[중앙 지역의]에서 노년을 보내는데, 여기서 아들과 아버지의 계보가 다르기 때문에[5] 그 집은 항상 다르다.[6]

이처럼 연배의 주기적인 조직은 마을 내의 공간을 순환하는 여정에 의해 이루어진다. 폴므가 재차 지적하는 바에 따르면 새로운 연배가 형성되는 동안 이전의 해당 연배에 속했던 노인은 성인식 등 어린 시절 겪었던 것과 동일한 시련에 처할 수도 있다. 지속성의 형태로 표현되는 이런 사회의 세대 간 계승은 전체 세대가 완전히 원을 이루는 상징적인 방식을 취하는 것이다.

연배에 공식적으로 소속된다는 것은 특정한 장소에 결부됨을 의미한다. 이는 연배 체계가 주어진 공간을 관리하는 정치적 수단으로 기능하는 사회에서 매우 명백한 사실—비록 아티에족의 경우처럼 연배에 따라 공간을 이동한다는 내부 원칙이 수반되더라도—이다. 또

---

5 [옮긴이] 아티에족은 모계사회이기 때문에 아버지와 아들이 같은 계보 집단에 속하지 않는다. 부계사회와 달리 모계사회에서 아들은 어머니 쪽 친족 집단에 소속된다.

6 Denise Paulme, dir, *Classes et associations d'âge en Afrique de l'Ouest*, Paris: Plon, 1971.

한 이는 개인의 수준에서도 똑같이 명백하다. 삶의 단계는 연달아 주어지는 구체적인 장소들과 결부되며, 직업과 직책에 대한 관념도 시간에 대한 관점을 규정하는 지리적 차원을 갖는다. 소설가 장 지로두는 파리에 도달할 정도로 "계급이 오르면" 좋겠다는 희망을 품고서 명령에 따라 지방을 떠나는 한 병사의 이야기를 그리기도 했다. 그뿐 아니라 어떤 사람들은 시골이나 '요양원'에서 여생을 보내는 모습을 상상하면서 자신의 '노년' 문제에 사로잡히곤 한다. 아마도 나이가 들어 가는 사람 중에서 다가오는 노년의 삶에 특정한 지리적 배경을 덧붙여 상상하지 않는 이는 거의 없을 것이다. 우리 가족이 사는 브르타뉴 지방에는 많은 사람이 고향 마을에서 '여생을 마치고자' 돌아오는데, 가족묘를 위한 공간이 부족해져 더 이상 수용할 수가 없게 되면 친척들이 나서 가족묘와 최대한 가까운 곳에 묏자리를 마련해 주기도 한다. 이러한 고향 마을이 정확한 출생지가 아닌 경우도 있다(브르타뉴 사람들은 군인이나 공무원으로, 때로는 식민지 '개척'의 말단 사병으로 세계 각지를 여행해 왔다). 하지만 고향 마을은 사람들의 삶을 결정하는 나이의 논리에서 기준점이나 참조점을 이룬다. 아티에족의 경우에서처럼 말이다.

인생의 시기들

"그는 쉰이라는 고개를 넘었다."

'인생의 시기들'Les âges de la vie이라는 형식의 그림[1]은 그 어떤 구체적인 경험과도 딱 맞아떨어지지 않는 회화적 모티프를 보여 준다. 우리는 때로 젊은 시절의 기억을 떠올리는데, 이 기억은 집요하지만 세부적으로는 모호한 이미지로 우리에게 되돌아온다. 다른 한편으로 인생의 시기들을 주제로 한 화가들의 그림—이를테면 프랑스 가정의 부엌 벽면을 장식하는 에피날 판화Images d'Épinal[2] 같은—이 환기시키는 연속적인 장면들은 우

---

1 [옮긴이] 19세기에서 20세기 초에 걸쳐 프랑스에서 유행한 대중 미술의 한 형태. 주로 유년기부터 노년기에 이르는 생애 과정을 10년 단위로 나누어 가운데(50세)가 솟은 계단 형태에 배치한 구성으로 그려졌다.
2 [옮긴이] 프랑스 북동부의 도시 에피날에서 기원한 기법으로 제작된 판화. 19세기 이후 대중적으로 보급되어 카드나 만화, 신문 삽화 등에 널리 활용되었다.

리가 기억하는 과거에는 남아 있지 않다. 인생의 전성기를 향해 계단을 오르다가 노년을 향하면서 몸이 굽으며 계단을 내려가는 방식으로 신체를 그리는 표현 방식은 우리 각자가 자기 위치를 가늠할 수 있는 지도를 제작하는 것과 같다. 이 지도에는 아마 삽화가 곁들여져 있을 것이다. 하지만 이렇게 10년 단위로 분할된 시간이 그려진 지도 속 순서가 우리의 기억을 그대로 표현한다고 볼 수는 없다.

그림 속 표현 방식은 역사적 의미를 갖기도 한다. 예를 들어 인생을 시기별로 구분하는 이 그림들 중 일부 경우에서 50세 남성은 사회적으로 정점에 오른 성공한 모습으로 그려진다. 반면 그의 아내로 옆에 선, 똑같이 50세에 해당하는 여성은 인자한 미소를 띤 나이 든 할머니 역할을 부여받은 모습으로 그려진다. 이처럼 '인생의 시기들'은 명백히 시대착오적이다.

이들 그림은 또한 특정한 가족 모델을 지지하는 이미지 표현을 전제한다. 이 가족 모델은 부부와 직계 자녀로 이루어진 단순하고 기본적인 형태를 취한다. 여기서 그려지는 가계는 시간의 흐름을 사회가 정상으로 여기는 규범에 따라 표시할 뿐이다.

나는 이런 그림들을 주로 어렸을 적에 보았다. 어른

「인생의 시기들」, 판화, 54.5×40.9cm, 파리 유럽지중해문명 박물관 소장

「인생의 단계들」, 판화, 61×47cm, 파리 유럽지중해문명 박물관 소장

이 된 이후에는 일부 시골에서 본 기억이 있을 뿐이다. 그렇기에 이제 '인생의 시기들' 그림은 그것들을 흔히 볼 수 있던 그때 그 시절에 주목하는 사람들에게나 영감을 주는 시대에 뒤처진 물건으로 간주된다.

더 자세히 살펴보면 순진하기 짝이 없는 그림 속 장면이 일종의 '스크린'écran으로—'스크린'이라는 단어의 두 가지 뜻 모두로—작용하면서 현실을 표현하는 동시에 감춰 버리는 듯하다.[3] '인생의 시기들'에서 표현하는 모티프는 부르주아 커플의 스테레오타입에 상응하며, 이 스테레오타입은 잘 맞물려 돌아가는 톱니바퀴와 유사하다. 그림 속 각각의 세대가 다음 세대를 출구 쪽으로 밀어내는 모양새인 것이다. 그 배경에 많은 사회에서 볼 수 있는 인접한 세대들 간의 잠재적 긴장 관계(인류학자들이 종종 보고하는)가 있다는 데는 의심의 여지가 없다. 특히 죽음에 관한 관념이 부활이라는 관념과 결부되지 않는 사회, 혹은 모든 사람을 위해 톱니바퀴가 돌아가지만 각자 단 한 번만 회전한다고 여겨지는 사회에서는 그런 긴장이 더 강해진다. 역설은 바로

---

3   [옮긴이] écran은 '(화면 등의) 스크린'이라는 뜻과 '가리개' 혹은 '칸막이'라는 뜻을 동시에 지닌다.

다음 세대 손에 죽음을 향해 떠밀려 간다는 생각이 빚어내는 날카로운 긴장이 노화를 증명하는 또 다른 증거인 손주의 탄생으로 경감된다는 사실이다. 할아버지나 할머니가 된 사람들은 자기 아들딸도 저처럼 부모가 됨으로써 부모-자식 관계에 내재한 긴장에 종속될 것이라는 사실을 깨닫고 노화를 받아들이게 되는 것이다.

우리 할아버지는 손주들을 가리켜 "작은 복수자들"이라 부르곤 했다. 물론 농담이었지만 할아버지의 아들이나 며느리 중 누구도 이런 아이러니를 아주 재미있게 여기지는 않았다.

여기서 문제는 조부모가 손주를 더 사랑하느냐 부모가 자식을 더 사랑하느냐 여부가 아니다. 물론 대부분 이들은 서로를 사랑하지만 사랑은 분노나 질투, 소유욕까지 포함하는 복합적인 감정이다. 또 사랑이라는 감정에는 권력욕이나 경제적 이해관계에 대한 관심도 빠지지 않는다. 그럴 때 빚어지는 긴장은 조손 관계처럼 한 세대를 건너뛰기에 덜 직접적이며 더 객관적일 수 있는 세대 사이에서보다는 부모-자식 관계처럼 직접 맞물린 세대 사이에서 더욱 강하게 나타난다. 더구나 우리는 어머니와 딸 사이 혹은 아버지와 아들 사이에 애정과 경쟁이 엇갈린 애증 관계를 형성하는 오이디푸스 콤

플렉스라는 차원이 항상 존재한다는 사실을 알고 있다.

어린 시절 미셸 레리스 역시 인생의 시기들을 표현한 그림을 본 적이 있다. 그의 기억이 정확하다면 에피날에서 간행된 어떤 화보집의 하드커버 뒷면에 그려진 이 그림은 독특한 형태를 취하고 있었다. 각각의 연령 단계는 특정한 색깔—노란색, 회색, 빨간색, 초록색, 파란색 등—로 그려졌으며, 그림의 제목은 「인생의 색깔들」이었다. 자서전 『성년』에서 레리스는 특히 여러 가지 색조가 뒤섞여 모든 것이 아직 또렷하지 않은, 신화 시기와도 같은 유아기의 혼돈을 떠올리게 하는 "뒤죽박죽 색깔"meli-melo을 기억해 낸다. 또한 술 취한 부랑자 두 명의 이미지에 입혀진 "익힌 밤색"marrons cuit도 기억했다. 이처럼 희미한 기억으로부터 그가 얻은 교훈은 모호하다. 레리스는 약간의 유머를 섞어 "나는 이제 상당수의 색깔을 통과했다. 그중에는, 마흔 살이 되려면 한참 멀었는데도, '익힌 밤색'도 포함되어 있다"[4]고 적는다. 우리는 살면서 저 색깔들을 모두 경험할 수 있는데, 이것이 바로 레리스가 자신의 불확실한 기억에서

---

4 [옮긴이] 미셸 레리스, 『성년』, 유호식 옮김, 이모션북스, 2016, 38쪽.

끌어낸 듯 보이는 교훈이다.

노란색—또는 간질환의 색—이 나를 노리고 있으며, 겨우 1년이 조금 지난 일이기는 하지만, 나는 자살을 함으로써 검은색에서 벗어나기를 희망했었다.[5]

전반적으로 레리스의 주의를 끈 것은 연령에 따라 순서대로 그려진 이미지보다는 일종의 숙명론이라는 일반적인 감정이었다.

그러나 현실은 그렇게 만들어지고 해체되는 법. 나는 이 인생의 시기들이라는 틀 속에 끼워져 있다.……저질 은판 사진처럼 네모난 나무 틀에 끼워진 채, 나는 이 틀에서 (적어도 내 의지로) 빠져나갈 수 있다는 희망을 점점 더 잃어버리고 있다.[6]

그리고 그 안에는 '나는 누구인가'와 '나는 무엇인가' 사이에서 끊임없이 되풀이되는 고민이 존재했다.

5　[옮긴이] 레리스, 『성년』, 38쪽.
6　Michel Leiris, *L'Âge d'homme*, Paris: Gallimard, 1973[『성년』].

다원적이고 분산된 형태기는 하지만, 일간지의 소식란 le carnet du jour[7]은 현대판 '인생의 시기들'을 제공한다. 출생과 결혼, 죽음과 같은 소식이 그 공간을 채운다. 거기서 열거된 개개인은 여러 개의 소식 중 하나에 포함되어 해당 칸을 채울 따름이다. 신문 독자들은 자신의 나이와 관계 있는 소식에 관심을 갖는 경향이 있다. 이런 의미에서 신문의 소식란은 두 가지 이유로 나이와 관련한 영역이 된다. 소식란은 아무나 이용할 수 없는 영역이며, 소식을 실으려면 비용을 지불해야 한다. 특권을 보유한 소수의 개인만이 신문이 지닌 영향력으로부터 이득을 취한다. 어떤 전국 일간지는 사후에 부고란에 실릴 정도로 경력과 명성을 쌓은 인물들의 최신 정보를 보관한다고 알려져 있다. 출생일과 사망일이라는 두 개의 날짜와 전기傳記, 때로는 몇 마디 찬사가 한 사람의 인생을 요약할 것이다. 나이의 영역에서는 거의 매일 하나의 헌사가 또 다른 누군가에 대한 헌사를 뒤따른다. 인간의 허영심이 일으키는 마지막 불꽃은 몇몇 호칭이나 장식, 찬사 등으로 환원된다. 때때로 이는 당

---

7 [옮긴이] 프랑스의 일간지에서 이 공간은 출생, 약혼, 결혼, 부고 등의 소식을 알리는 용도로 쓰인다.

사자보다 오래 살아남은 경쟁자의 불안 섞인 질투를 불러일으키기도 한다.

그렇기는 하지만 인생의 시기들이라는 주제는 또 다른 성찰을 가져다줄 수 있다. 그림의 표현대로 인생의 시기들은 계절이 순환하듯 서로를 뒤따른다. 물론 나이라는 단어를 복수형[8]으로 표현하는 '인생의 시기들'은 노화를 피할 수 없는 것으로 여기게끔 한다. 하지만 계절이라는 은유는 특별한 울림을 지니는데, 알다시피 겨울이 가면 다시 봄이 오기 때문이다. 이 은유는 죽은 사람의 일부가 돌아온다는 주제―옛 다신교의 상징에 종종 등장하는―나 새로운 세대가 앞선 세대를 이어받는다는 주제―전자의 주제와 밀접히 연관되는 한편 우리도 기꺼이 받아들일 수 있는―를 제안한다. 따라서 '나이'라는 단어를 단수형으로 사용하는 방식―나이를 미래가 없는 운명이나 불가피성과 동일시하는―과 달리 복수형으로 표현하는 방식에는 낙관주의적인 요소가 존재한다. 계절이 그렇듯 세대들이 이어지며 지속된다고 보는 것은 서로가 인간이라는 종의 성원권을 공유

---

8 [옮긴이] '인생의 시기들'의 원어인 les âges de la vie에서 '나이'를 복수형으로 표현하고 있음을 가리킨다.

한다고 이해하는 것이다. 이는 가족이나 생물학적 재생산과 같은 좁은 틀에 갇히지 않고서 유전hérédité이라는 요인으로부터 자유로운 물려받음héritage의 휴머니즘을 주창하는 것이다.

'나이'라는 단어의 단수형과 복수형 사이에는 기본적으로 절대적인 차이와 함께 밀접한 보완 관계가 존재한다. 미래를 펼쳐 보이는 기대나 과거를 재창조하는 기억을 활용함으로써 우리는 나이를 먹으며 진행되는 노화와는 무관한 인생의 시기들을 떠올릴 수 있다. 어느 경우든 필요한 건 시간과 함께 노는 상상력의 발휘일 것이다.

제 나이로 보인다는 건

"그 사람 마흔 안 넘었을 거라고 내가 말했잖아."

사람들은 단어와 진부한 표현에도 깊은 뜻이 담겨 있다고 말한다. 너무 순진하거나 지나치게 꾀를 부리는 것처럼 보이지 않기 위해 사람들은 많은 말을 건넨다. 우리가 종종 듣는 "그 나이로 안 보여요"Tu ne fais pas ton âge라는 부정형 표현은 상대방을 기쁘게 해 주려는 말이다. 한편 "그 사람은 자기 나이로 보이네"Il ou elle fait son âge나 좀 더 확고한 "그 사람 진짜 자기 나이처럼 보인다니까"Il ou elle fait bien son âge 같은 긍정형 표현은 주로 그 자리에 없는 제3자를 묘사할 때 사용되는데, 이때 사람들은 연민조로 비밀이라도 털어놓는 양 말을 꺼내곤 한다. 그런데 "[한국어로] 나이로 보인다"를 프랑스어로 말할 때 사용하는 동사인 '만들다'faire는 부적절해 보이기도 한다.[1] [프랑스어 표현대로] '자신의 나이를 만드는' 사람은 나이에 종속되고, 시간의 행위를 수동적으로 견

디며, 시간이 내려앉은 무게를 겉모습에 드러내는(그대로 보여 주거나 심지어는 시간보다 앞질러 보여 주는) 사람을 가리키기 때문이다. 자신의 나이를 만드는 사람은 나이가 자신을 만들도록 놓아둔다. 나이를 만든다는 것은 나이가 자신을 장악하도록 두는 것이다. 따라서 나이를 만드는 사람은 수동적인 수용자다. 반면에 나이를 만들지 않는 사람은 노화의 영향을 늦추거나 완화시키는 에너지를 가졌기에 활동적이고 건강한 삶을 누린다고 여겨진다. 내가 운동하는 이유는 내 나이를 만들기 위해서가 아니다. 나는 복근 운동을 하고 다이어트를 하며 해수 요법을 받기도 한다. 그뿐 아니라 피부에 크림과 파운데이션도 바르는 등 나이보다 젊어 보이도록 나 자신을 가꾸고 꾸민다.

우리는 '용기를 갖거나'prend courage '자신의 운명을 거머쥐는'prend son destin en main 것처럼 '나이를 갖지는' prend de l'âge 않는다.[2] 나이를 먹는 건 그보다는 오히려 '감기에 걸리거나'prend froid, '겁을 먹는'prend peur 것에

---

1 [옮긴이] 프랑스어에서 faire라는 동사는 원래 능동적 행위를 가리키는데 나이를 표현할 때는 반대로 다소 부정적 뉘앙스를 띠게 된다. 지은이는 프랑스어에서 '나이를 만들다'라는 표현이 부정적·수동적 의미를 지니는 언어 관습을 실마리 삼아 논의를 전개하고 있다.

가깝다. 행위를 나타내는 두 주요 동사인 '만들다'faire와 '갖다'prendre는 양가적인 단어인데, 이들을 의미상 수동태로 옮기기 위해서는 각 동사의 목적어를 바꾸는 것으로 충분하다. 수동태와 능동태의 이런 활용은 다른 동사를 사용한 다른 표현들에서 더욱 명확하게 볼 수 있다. 우리는 다른 이를 향해 나아가는 것처럼 나이를 향해서도 나아가지만[점점 나이가 들지만]avancer en âge, 거기 도달했을 때 '나아갔다'고 이야기되는 건 나이 자체다. 승용차를 타고 어딘가에 도착했을 때 '당신의 차가 나아갔다'Votre voiture est avancée고 말하는 것처럼 말이다. 누군가를 두고 '그는 나아간 나이에 도달했다'Il a atteint un âge avancé라고 말할 때처럼 표현이 합쳐지는 경우에는 두 은유가 충돌을 일으키기도 한다.

"그 사람 나이는 몇이나 될까? 쉰? 아니면 쉰다섯?" 다른 이의 나이를 짐작할 때마다 우리는 어색한 어휘 조합을 활용해 나이의 추정치를 제시하곤 한다. 자의적이면서도 틀리지는 않은 방식으로 부지불식간에 상대의 나이를 가늠하는 것이다. 반대로 우리는 우리 역시

---

2 [옮긴이] 프랑스어 동사 prendre는 영어의 take와 유사하게 사용되며, 여기서는 '갖다' 혹은 '취하다'의 뜻을 지닌다.

다른 사람들의 시선에 계속 노출된다는 사실을 알고 있다. "그 사람 나이는 몇이나 될까?" 우연이든 판단하는 사람의 악의 탓이든 누군가의 나이를 너무 높게 잡는다면, 그리고 당사자가 그 사실을 알아챘다면 당하는 쪽에서 그걸 감사히 여길 성싶지는 않다. 아마 그는 나이에 관해서만큼은 덜 후하기를 바랄 것이다. "그 사람 쉰 이상으로는 안 봤다고, 진짜 나이가 그런 줄은 생각도 못 했어." 나이 든 사람이 듣기 원하는 답은 이런 식이다. 하지만 아무도 그의 의견을 묻지 않았다. 의외의 곳에서 그가 원하지 않았던 답이 오는데, 그건 바로 시간과 자연이 빚어낸 진실의 반향反響이다. 그리고 상대방의 신체로부터 나이를 추정하는 증인은 그리스 비극의 코러스 역할[3]을 수행하면서 돌이킬 수 없는 사실의 대변인이 된다. 그는 자신이 파악한 상대의 이미지를 당사자에게 전해 줄 뿐이다. 이 잘못된 교환은 문답이라는 형태를 취할 때 가장 잔인하다. 자기 외모를 확신하는 사람은 자신이 생각지도 못하게 매혹시켰다고 믿는

---

3 [옮긴이] 고대 그리스 비극에서 코러스(합창단)는 배우들과 별개로 등장해 여러 역할을 맡았는데, 주로 극의 상황을 설명하거나 전개를 암시했다. 여기서 지은이는 누군가의 겉모습으로부터 실제 나이를 짐작해 '진실'을 전하는 사람을 그리스 비극의 코러스에 비유하고 있다.

누군가에게 "내가 몇 살인 거 같아요?"라는 경솔한 질문을 던질지도 모른다. 만약 정확한 나이를 답변으로 듣게 된다면 그는 충격에 빠질 것이다. 그렇다, 그는 '자신의 나이를 만들었고' 그의 나이는 나아갔다. [나이라는 자동차에] 탑승하는 것 말곤 도리가 없다.

이건 언어유희의 문제가 아니다. 오히려 우리를 가지고 노는 건 언어며, 우리가 언어를 가지고 노는 것은 아니라는 사실을 알아야 한다. 언어는 우리를 '죽느냐 사느냐'식의 이분법적 체계에 가두고, 우리로 하여금 겉모습과 실재, 자연스러움과 인공적인 것, 맨얼굴과 변장, 진실과 거짓 사이에서 흔들리도록 만든다. 마치 나이와의 관계에서 우리가 칼자루를 쥐는 게 불가능하다는 듯이 말이다.

언어의 사용은 미묘하다. 언어는 우리의 의심과 환상, 두려움을 표현한다. 누군가가 아는 사실을 내 것으로 취하기 위해서는 그걸 겪거나 단순히 받아들여야 하는데, 이때 영웅적 행동과 현명함 사이에는 미세하지만 본질적인 차이가 존재한다. 이 딜레마는 인간 사회의 위대한 도덕적 선택들의 핵심이며, 언어를 이루는 단어들 전체에 그 딜레마가 흩어져 있는 흔적들을 찾아보아도 유익할 듯하다. 더구나 언어는 진화하고, 어휘는 변화하며, 어떤 단어는 나이를 먹는다. 심지어 우리는 누군가가 사용하는 단어를 보고 그의 나이를 짐작하기도 한다. 이 경우 모든 수법이 허용되지만 그것들이 종종 속임수가 될 수도 있다. 우리가 젊게 옷을 입을 수 있는 것처럼 젊게 말할 수도 있으니 말이다. 우리는 단어를 이용해 말하지만 단어 역시 우리에 관해 말해 준다. 특히 거짓말할 때는 더욱 그렇다. 단어 역시 '제 나이를 만드는데'[나이가 드는데], 이것이 아마 시간과 관련한 단어들이 그리도 모순적인 이유일 터이다.

물론 시간 자체를 가리키는 표현을 보면 단어도 하루아침에 나이 들 수 있다는 사실이 확연히 드러난다. 우선 위기에 빠진 '취미'passe-temps라는 단어를 들 수 있을 것이다. 요즘 누가 감히 인터넷 '서핑'을 '취미'로 축소할 수 있겠는가? 퍼즐 놀이jeu de patience에 여전히 미래가 있을까? 사춘기를 가리켰던 말인 '야수의 시기'âge bête를 보고 요새 누가 원래 뜻을 떠올릴까? '서른 살의 여인'이란 말을 듣고 발자크가 소설『서른 살의 여인』*La Femme de trente ans*에서 사용한 의미를 누가 상기할 수 있을까? 내가 어렸을 적에 흔히 사용되던 표현들 역시 오래가지 못했다는 사실을 덧붙여도 좋을 듯싶다. 머지않아 죽은 자든 산 자든 '파이프를 깨뜨리거나'casser sa pipe '뿌리째 민들레를 먹지'bouffer les pissenlits par la racine 않게 될 것이다.[4] 대신 금연법禁煙法이나 고엽제 같은 단어들이 사전에 들어갈 터이다. 그리고 요즘 누가 '음악보다 빨리 가고'aller plus vite que la musique 싶지 않겠는가?[5] 오랜 시간을 요하는 인내심은 여전히 미덕으로 여겨지는가? 예전에는 분명 그럴듯했던 속담, 예를 들어 '참는 자에게 복이 온다'Tout vient à point à qui sait attendre 같은 말도 경험에 의해 반박되었다.

우리가 이야기하는 동안 혹은 말하지 않고 생각하는 동안 기존 단어와 표현과 관용구가 '구식'이 된다. 이는 곧 그 말을 사용하는 사람이 언어적·사회적·역사적으로 (우리가 요새 잘 안 쓰는 또 다른 표현인) '갱년기'retour d'âge에 들어섰음을 뜻한다. 나이 탓이든 조롱이나 우월의식 때문이든 간에 예전 말을 고집하는 태도는 이른바 요즘 말들에 대한 도발로 여겨질 수 있다. 만약 다소 나이 든 누군가가 시대에 뒤떨어지거나 기득권에 순응하

4 [옮긴이] 프랑스어에서 '누군가의 파이프를 깨뜨리다'와 '뿌리째 민들레를 먹다'라는 말은 '죽다' 혹은 '죽어 묻히다'의 속된 표현이다.

5 [옮긴이] 프랑스어에서 '음악보다 빨리 가다'라는 말은 '너무 빨리 가다', '지나치게 일을 서두르다'라는 뜻이다.

는 사람으로 간주되고 싶지 않다면 요즘 사용되는 신기술과 함께 등장한 새로운 단어로 자신의 어휘를 풍부하게 채우는 게 확실히 도움이 된다. 또한 한물간 단어와 구식 표현도 쓰지 말아야 할 것이다. 의외로 많은 노인이 이런 일을 큰 어려움 없이, 심지어 재미를 느끼며 열정적으로 해낸다. 그럴 때 작지 않은 역할을 맡는 것이 조부모와 손주 사이의 돈독한 관계다.

사물의 나이와 타인의 나이

"말로의 소설은 오래됐지. 지드보다는 아니지만!"[1]

간혹 나이라는 것이 우리 바깥에 위치한 다른 어딘가에
서 오는 게 아닌가 싶을 때가 있다. 그곳은 우리 뜻을 묻
지도 않고 사물이 변화하며, 그로 인해 우리가 그 변화
를 인식하지 못하는 장소다. 우리는 이따금씩 "이 책은
나이가 들었군"[2]이라는 평을 주고받는다. 혹은 한층 가
혹하게 "이 책은 나이가 잘못 들었어"라고 평할 때도 있
다. 상대적으로 흔한 이런 평가들은 우리를 특정 작품
이나 작가에 대해 좀처럼 뜻을 바꾸지 않는 완고한 심

---

1 [옮긴이] 프랑스의 문필가 앙드레 말로(1901~1976)와 앙드레 지
   드(1869~1951)를 가리킨다.
2 [옮긴이] 원문의 'Ce livre a vieilli'는 영어로는 'This book has
   aged'를 뜻하며, 우리말로 직역하면 '이 책은 나이가 들었다' 정
   도로 옮길 수 있다. 한국어에서 쓰이는 표현은 아니지만, 오래된
   책과 사물을 '나이 듦'이라는 관점에서 고찰하는 이 장의 취지를
   살리기 위해 부득이하게 직역을 택했음을 밝혀 둔다.

판관으로 바꿔 놓기도 한다. 하지만 조금만 성찰해 보면 이런 생각을 뒤집을 수 있다. 사실 책의 텍스트 자체도, 영화의 장면도 변하지 않으니 말이다. 이런 관점에서 영화는 기억이 표류하는 방식을 적나라하게 보여 주는 증거가 된다. 나는 옛날 영화를, 특히 오래된 미국 영화를 좋아한다. 대단한 건 아니지만 파리지앵으로 누린 특권 덕택에 셀 수 없이 여러 번 본 영화도 있다. 단언컨대 극장에서 영화를 보는 건 집에서 TV나 DVD로 보는 것과는 완전히 다른 경험이다. 이를테면 상영 중인 영화를 곧바로 안방에서 감상할 수는 없다. 또한 영화 관람은 혼자만의 경험이 되기 어렵다. 주중에는 거의 텅 비기 마련인 라탱 지구Quartier Latin[3] 극장들에서 볼 때조차도 그렇다. 영화 상영과 관련해서는 영화 내용뿐 아니라 극장이라는 배경과 관람 방식도 거의 변하지 않은 셈이다. 마찬가지로 기억의 변덕 역시 거의 변하지 않는다. 작품에 관한 내 기억에는 실제 작품의 내용보다 더 많든 적든 무언가 다른 요소가 존재하며, 심지어는 그 기억이 상대적으로 최근의 것이어도 그렇다. 기

---

3 [옮긴이] 프랑스의 주요 명문 학교들이 자리한 대학가이자 관광객들이 많이 찾는 명소로 유명한 지역.

사물의 나이와 타인의 나이

93

억에 각인되자마자 재빨리 특정한 세부 사항이 지워지고 거기에 다른 무언가가 더해지기 시작한다. 주로 사소한 변주들이지만 이 사실만으로도 변하거나 나이가 드는 주체가 영화가 아니라 나 자신임을 입증하기에는 충분하다. 영화를 기억하는 방식은 기억이 망각과 발명이라는 놀라운 능력을 가졌다는 사실의 부정할 수 없는 증거다.

그럼에도 불구하고 기억과 망각의 변덕을 인생 속 사물들의 표면적인 노화 탓으로 돌리기란 너무나 쉽다. 인생 속 사물은 세 부류로 나뉠 수 있는데, '경관'과 '작품' 그리고 '존재'(더 정확히는 '신체')가 그것이다. 이것들이 바로 우리를 장소, 책, 친척, 친구, 동물 등과 연결해 주는 관계의 원천이다.

당연히 우리가 경관과 맺는 관계는 살아 있는 존재와 맺는 관계(상호성을 전제로 하는)에 비할 바가 못 된다. 이른바 자연의 영원함을 그려 내기 위해 라마르틴[4]은 시 「호수」Le Lac에서 자연을 의인화해야 했다.

4　[옮긴이] 알퐁스 드 라마르틴(1790~1869)은 프랑스의 대표적인 낭만주의 시인이다.

오, 호수여! 말 없는 바위여! 동굴이여! 무성한 숲이여!
시간과는 무관한 그대들이여, 시간이 그대들을 다시 젊
게 할 수도 있는 그대들이여!
이 밤을 간직해 다오, 아름다운 자연이여, 간직해 다오!
적어도 추억만이라도![5]

빅토르 위고의 시 「올랭피오의 슬픔」Tristesse d'Olym-
pio은 "나뭇잎으로 가린 우리 방도 이제 변해 버리고"[6]
라는 세심한 표현으로 돌이킬 수 없는 과거의 성격을
보여 주는 경환의 변화를 묘사한다. 여기서 경관은 결
코 순수한 자연이 아니며 경관의 변화는 인간의 행동이
빚은 결과라는 사실을 잊지 말아야 한다. 만약 당신이
기억 속에 간직한 경관을 더 이상 찾을 수 없다면, 그건
당신이 더는 그곳에서 스스로를 찾을 수 없기 때문이요
경관이 당신에게 낯선 존재가 되었기 때문이다(이는 관
계의 문제와도 매우 유사하다). 하지만 만약 경관이 실제
로 변화를 맞았다면(대규모 건설이나 벌목이 진행되었을

---

5 Alphonse de Lamartine, "Le lac", *Meditations poétique*, 1820
[「상징주의」, 이진성 옮김, 『문예사조사』, 이선영 엮음, 민음사, 1989,
207쪽].
6 [옮긴이] 빅토르 위고, 『옛 집을 생각하며』, 송재영 옮김, 민음사,
1996, 38쪽.

수도 있고, 그 사이로 새 길이 났을지도 모른다), 이는 다른 인간이 개입한 결과다. 그러므로 어떤 관점에서 보면 누군가에게는 분명 경관의 변화가 개인의 프라이버시에 대한 침해며, 사람들이 경관의 훼손을 수반하는 개발 계획에 격렬히 저항하는 것도 이 때문이다. 그때 개발은 환경 문제가 아니라 사생활을 향한 공격으로 받아들여지는 것이다.

외부의 개입 때문은 아니지만 시간이 지남에 따라 경관이 작아지는 것처럼 보이는 사례가 있다. 마르셀 프루스트가 유년 시절을 보낸 일리에 마을로 돌아갔을 때 그에게는 강물을 포함한 모든 풍경이 더 작아 보였다. 하지만 경관뿐 아니라 존재들(즉 "어른들")에 이르기까지 어린 시절에는 모든 것의 크기가 객관적으로 더 컸다는 사실을 우리가 어찌 잊을 수 있겠는가? 나는 항상 영화관의 진짜 기적은 스크린에 나오는 인물들의 어마어마한 크기가 아닐까 생각해 왔다. 스크린 속 배우들은 우리를 우리 자신보다 두 배는 더 큰 거인으로 이루어진 어른들 세계에 놓인 어린아이의 시선으로 되돌려 놓기 때문이다.

물론 시간이 초래하는 변화가 반드시 쇠락의 징후를 뜻

하는 건 아니다. 어떤 책이나 영화가 '나이 들었다'고 말할 때 우리는 사실 스스로의 변화에 대해 이야기하는 셈이다. 하지만 기억이 시작하는 지점에 하나의 관계 (우리 자신이 책이나 영화와 맺는 관계)가 존재한다는 사실에 주목한다면, 변하는 것은 관계며 우리 자신이나 작품이 변하는 건 아님을 명확히 인식할 수 있다. 그리고 그 관계는 새로운 에너지를 얻고서 더 풍요로워질 수도 있다. 변화가 의미나 본질의 상실을 초래하지 않고 긍정적으로 작용할 수 있는 것이다. 나는 여기서 똑같이 관심을 가지지는 않았던 두 명의 작가, 세귀르 백작 부인[7]과 알렉상드르 뒤마의 사례를 들고 싶다.

어렸을 적에 어머니는 금박으로 장정된 '장미 총서' Bibliothèque Rose에 포함되어 출간된 세귀르 백작 부인의 동화를 읽어 주시곤 했다. 그리고 내가 맘껏 읽을 수 있도록 『소피는 못 말려』*Les Malheurs de Sophie*[8]를 비

---

7 [옮긴이] 프랑스의 대표적인 동화 작가로 원래 이름은 소피 로스 토프친(1799~1874)이다. 러시아에서 태어났지만 열여덟 살에 고위 정치가인 아버지와 프랑스로 망명했고, 세귀르 백작과 결혼해 세귀르 백작 부인으로 불리게 되었다. 손주들에게 이야기를 들려주다가 동화를 쓰게 되었고 이후 세계적으로 유명한 동화 작가가 되었다.

8 [옮긴이] 세귀르 백작 부인의 동화 제목은 국내에 출간된 '세귀르 명작 동화 시리즈'(넥서스주니어, 2013)의 번역을 따랐다.

롯해『당나귀의 추억』*Mémoires d'un âne*, 『착한 소녀 못
된 소녀』*Les Petites filles modèles*, 『잊지 못할 여름방학』*Les
Vacances* 등 백작 부인의 대표작을 내 방에 남겨 두셨다.
여섯 살 때부터 나는 백작 부인의 동화를 열심히 읽었
는데, 이후 읽은 어떤 작품도 이에 필적할 만한 감정을
일깨우거나 강렬한 이미지를 불러일으키지 못했다는
사실을 고백해야 할 듯하다.* 하지만 오래지 않아 나는
세귀르 백작 부인의 동화를 다시는 읽지 않겠다고 결심
했다. 사실 아주 나중에 가서는 이런저런 문제가 많은
동화를 내 손에 쥐여 줬다는 이유로 어머니를 비난할
뻔했다. 이를테면『비 개인 후, 맑은 날씨』*Après la pluie, le
beau temps* 같은 작품은 착한 마음씨(정직하고 가난한 사
람들을 위한 자선 행위)와 매우 반동적인 정치 성향(로
마로 향한 가리발디[9]'무리'에 대한 맹비난)을 동일선상에
두며, 순진함에 가까운 자발적인 인종차별(같은 작품에
서 "깜둥이"*Negro*로 불리는 등장인물 '라모르'는 주인 '무
슈 자크'에게 충견처럼 헌신을 바치며, 주인과 함께 바티칸

---

9 [옮긴이] 주세페 가리발디(1807~1882)는 이탈리아의 군인으로,
   '붉은 셔츠대'를 조직하고 시칠리아와 이탈리아 남부를 정복해
   사르데냐 왕국에 바침으로써 이탈리아 통일에 결정적으로 기여
   한 인물이다.

과 교황을 구하기 위해 교황청 경비대에 합류해 싸운다)을 드러내기도 한다. 또한『소피는 못 말려』부터『두라킨 장군』*Général Dourakine*,『사랑스러운 악동』*Un bon petit diable*에 이르는 작품에서는 벌거벗은 아랫도리를 채찍질하는 장면을 반복적으로 등장시키면서 통제되지 않은 성적 사디즘을 묘사한다.

그렇다고 세귀르 백작 부인이 동화 작가로서 지닌 재능이 사라지는 건 아니다. 그는 어린아이들의 연민을 일깨우고 상상력을 자극하는 방법을 알고 있었다. 하지만 만약 내가 다시 백작 부인의 동화를 읽더라도 그 책들이 지금의 내 넋을 잃게 만들 수 없다는 건 확실하다. 더구나 그 기억이 큰 의미를 가진 것도 아니어서, 최근에 참고용으로 다시 찾아볼 때마다 내가 완벽하다 생각했던, 읽은 책들에 관한 초창기 기억에 자주 흠결이 보이곤 했다. 아이를 때리는 장면들이 불러일으켰던 모호하고 나도 깨닫지 못했던 감정들은 극복했다고 생각한다. 하지만 우연히 해 질 녘 시골길을 운전하던 오래전 언젠가, 나는『수호천사의 집』*L'Auberge de l'ange gardien*에서 두 명의 고아가 피신했던 곳처럼 나를 따뜻하게 맞아 줄 여관이 교차로에 모습을 드러내지는 않을까 두리번거리기도 했다. 흐릿하지만 오랫동안 지속되는 윤곽을 지닌 이런 이미지는 결코 나를 떠나지 않았고, 그때 우연히 발견한 어스름한 황혼 녘의 풍경에 더해졌던 불완전한 기시감이 아직도 내게 남아 있는 듯하다.

따라서 나와 백작 부인의 관계는 줄어드는 동시에 확대되어 왔다. 백작 부인의 동화 속 이야기는 내게 아무것도 아닌 이미지 이하의 무언가로 축소되어 왔지만, 그러면서도 동시에 나와 함께 머물렀고, 이따금씩 나는 예기치 않은 뜻밖의 장소에서 충족되지 않고 되돌아온 갈망을 느끼며 그 이야기들을 떠올리곤 했다.

반면 풍성한 이야기를 무궁무진하게 제공하는 작가가 바로 알렉상드르 뒤마다. 10년이나 15년에 한 번씩 나는 『삼총사』Les Trois Mousquetaires와 속편인 『20년 후』Vingt ans après, 그리고 『철가면』Le Vicomte de Bragelonne과 『몬테크리스토 백작』Le Comte de Monte-Cristo 등을 다시 읽었다. 이들은 나이를 주제 삼고 시간을 소재로 다룬 작품이었다. 나는 작품에서 전개되는 음모들을 쫓으며 항상 기쁨을 느꼈고, 이야기가 분출하는 활력에 점점 더 몰입하곤 했다. 하지만 시간이 흐를수록 『삼총사』의 뒷이야기에 드리워진 미묘한 비애감을 분명히 깨닫게 되었다. 처음에는 크게 눈에 띄지 않았지만, 네 명의 주인공이 나이가 들어 자리를 잡고 삶을 살아가면서 이들 사이의 결속이 느슨해졌던 것이다. 물론 이 방대한 서사는 변치 않는 우정에 대한 찬가라 할 수 있다. 알렉상드르 뒤마가 상상력을 발휘해 새로 쓴 프랑스 역사에서 작중 영웅들은 우정의 의미를 재차 확인하고, 계속해서 시험에 들며, 죽음에 이를 때까지 이를 증명한다. 하지만 그 안에는 겉으로 드러나지 않은 이야기의 다른 측면이 있었다. 주인공들이 더 이상 모험을 함께하지 않은 기간 동안 그들의 나이에는 시간의 무게가 더해졌는데, 만약 작가가 개입하지 않았더라면 그 시간은 망각의 작용에 의해 거의 모두 사라져 버렸을 터였다.『몬테크리스토 백작』역시 마찬가지다. 오랫동안 벼르던 복수를 마치고 난 뒤 백작은 자신이 더 이상 약혼자 메르세데스를 사랑하지 않으며, 자신의 진짜 이름인 '에드몽 당테스'와 마찬가지로 메르세데스 역시 이미 사라진 과거에 속한다는 사실을 깨닫는다. 이야기의 결말에 이르러서야 우리는 복수를 향한 갈망 옆에 망각이라는 존재가 함께 달리고 있었다는 사실을 목도하게 되는 것이다.『20년 후』와『철가면』에서 망각의 위협은 잠재적으로 남았지만, 망각의 우울한 현존은 작품의 가장 아름다운 부분에 출몰한다. 존재하기 위해 망각이 나를 기다렸던 것도 아니고 내가 망각을 만들어 낸 것도 아니다. 다만 20년 혹은 40년이 지난 뒤에야 나는 그동안 내가 기다려야만 했던 조화를 『20년 후』에서 발견할 수 있었다. 이렇듯 텍스트와의 관계는 생동적이기에 우리는 읽고 또 읽어야만 한다. 나이가 들지 않는 책이란 독자로 하여금 항상 새로운 무언가를 발견할 수 있다는 기대를 품게 만드는 책이다. 그런 책은 독자에게 자신이 영원히 살아 있다고, 그렇기에 자신과 독자를 연결한 운명이 "평생토록 영원히" 이어진다고 속삭인다.

나이로부터 자유롭게
나이가 든다는 건

이따금 '정말 오랜만에 만난' 누군가의 얼굴을 볼 때 노화라는 것을 인식하게 된다. 특정 연령대를 넘겼다면 언젠가 다시 만날 운명인 사람과는 너무 오랫동안 떨어져 있지 말아야 한다. 누군가가 우리에게 경고하지도 않은 채로 나이를 먹은 뒤 갑작스레 눈앞에 다시 나타나는 순간, 이들은 무례하게도 우리 자신의 노쇠함을 그대로 비춰 주는 거울이 될 터이기 때문이다. 이때 가까운 친구들에게 둘러싸여 "나이가 그 친구를 앗아가 버렸어……" 따위의 이야기로 스스로를 안심시킬 수는 있다. 하지만 사실 우리가 진심으로 그리 생각하는 건 아니다. 우리는 혹시 그가 어디 아픈 건 아닌지—솔직히 말해 차라리 그가 아픈 탓이길 바라면서— 궁금해하며 상대의 노화를 설명할 방도를 찾는다. 그 뒤에 그와 다시 가까워진다면(그리고 그가 건강한 것으로 판명

된다면), 우리는 그의 갑작스런 노화를 용서해 잊기로 하고 그의 다른 면모를, 결국에는 우리 자신을 재발견하게 된다.

우리는 더 이상 우리의 몸과, 우리 자신과 단순한 관계를 맺지 않는다. 우리는 매일 거울로 자기 모습을 들여다보지는 않는다. 혹여 볼 일이 있더라도 거울을 건드리거나 하지는 않고 무표정하거나 무관심하게 흘깃 쳐다본 뒤 물러선다. 하지만 때로는 얼굴을 좀 다듬거나 (그럴 때는 '코에 파우더를 바르기 위해'라는 표현이 쓰이곤 한다), 화장을 아예 고치거나, 머리나 넥타이를 제대로—여성이 여전히 화장을 하고 남성이 여전히 넥타이를 맨다고 가정할 때—하거나, 혹은 정말로 단순하게 어떤 평가도 하지 않고 문자 그대로 순전히 거울에 비친 자기 모습을 응시(이렇게 표현할 수 있다면)하기 위해 거울 앞에 머물기도 한다. 그때 우리가 다시 발견하게 되는 건 바로 우리의 몸이다. 이 몸은 우리의 것으로 판명될 삶을 살아가는 일종의 독립적 존재일 뿐 아니라, 그 외양 덕분에 일종의 풍경이 되는 동시에(게다가 우리는 익숙한 경관이나 이국적인 휴가 이미지 등 기억 속 풍경을 배경 삼아 '포즈를 취한' 사진 속 모습으로 자기 몸을 다시 보는 걸 좋아한다) 화가가 자신의 그림을 손보듯 우리가 책임질 수 있는 일종의 창작물이 된다. 그런 조건 아래 우리가 스스로와 맺는 관계는 일련의 분할—내 몸과 자아(내 몸은 나를 골탕 먹이기도 하고 만족감을 주기도 한다), 내 의식과 자아(나를 지배하고 억압하는 상위의 초자아 혹은 하위 수준에 자리 잡은 본능), 자아와 자아(내가 곧 타자다)를 나누는—을 통해 진행된다. 그리고 이로써 우리는 정확히 스스로를 반복하고 재생산하는 듯 보이지만 또한 나를 놀래고 나를 앞지르며 내게서 벗어날 수 있는, 자아의 예측 불가능한 다양성을 목격한다.

그럼에도 불구하고 거울을 보면서 내가 나이 들었음을 깨닫는 갑작스런 인식의 순간, 설령 그때 내 모습을 추궁—거울 속 나를 '너'라고 부르며—한다고 해도, 그 순간에 나는 내 몸과 내 다양한 자아를 모아 재조합에 나서게 된다. 거울 단계로의 회귀는 역설적이게도 성찰적 의식이 처한 해결할 수 없는 어려움에서 나를 해방시킨다. 나는 나이를 먹는다, 그러므로 나는 살아간다. 나는 노화한다, 그러므로 나는 존재한다.

자기 자신과의 관계, 자기 몸과의 관계와 관련해 어떤

것도 단순하지 않다는 사실을, 그리고 나이라는 문제는 이를 더 복잡하게 만들 뿐이라는 사실을 살필 필요가 있다.

전통적으로 아프리카에서 몸은 기호들이 새겨지는 표면으로 간주되었다. 의례 전문가만이 해독할 수 있는 이 기호들은 태어나면서 물려받은 요소들을 전달한다고─따라서 처음부터 타자와 과거가 공존하는 것으로─여겨졌다. 하지만 또한 몸은 질병이나 갖가지 신체적 불운을 통해 외적인 고통을 가하는 공격들이 스스로를 드러내는 표면으로 이해되기도 했다. 그리고 마찬가지로 이번에도 의례 전문가들은 다양한 문화에 걸쳐 어떤 문화에든 존재하기 마련인 상징적 부호를 활용해 이러한 공격의 의미와 근원을 해독한다고 받아들여졌자. 이때 상징적 부호는 두 가지 개념을 전제한다. 하나는 비이원론non-dualisme─몸과 마음을 체계적으로 구별하지 않는─이며 다른 하나는 사건(특히 신체적 사고)을 항상 누군가에 의해 의도적으로 야기된 것으로, 즉 박해에 따른 것으로 간주하는 개념이다. 이처럼 사건을 박해로 보는 개념의 중요성은 종종 근대성과 결부된 한층 통합적인 자아관과 비교되며 강조되어 왔다.

하지만 대부분의 현대 사회에서 몸은 그 어떤 아프

리카 전통 사회 못지않게 주의 깊은 감시 대상이 되었다. 신체적 건강과 보건, 행복이라는 이름 아래 우리가 추적해 제거하고자 하는 노화의 기호들이 존재한다. 이와 동시에 우리가 없애고 싶어 하는 모든 노화의 기호는 또한 빈곤의 기호기도 하다. 따라서 선진국에서는 비만이 지적·경제적 낙후의 상징으로 간주되어 점점 더 강조되고 있다. 그러나 평생 운동과 조깅, 암벽 등반으로 자신을 가꾼 사람에게도, 세심하게 식단을 관리한 사람에게도 결국 몸은 자신의 나이를 드러내 보일 것이다. 따라서 만약 우리가 '젊음을 유지하기를' 원한다면 그건 사실을 숨기거나 거짓말하는 법을 익히는 문제가 된다. 그런데 대체 누구에게 거짓말을 한단 말인가? 그 대상은 타자와 자기 자신, 타자로서의 자신이다. 마치 어떤 다른 몸이 존재하는 듯이, 몸 말고 다른 무언가가 있는 듯이 말이다.

세심히 들여다보면 피부를 더 탄력 있어 보이게 만들거나, 목주름을 줄이거나, 머리카락을 힘 있게 만드는 기교를 곧바로 알아차릴 수 있다. 하지만 진짜 전투는 내면에서 치러지며, 워털루 전투에 이르는 나폴레옹의 원정에서처럼 승리가 이어지더라도 결국에는 최후의 패배가 다가오기 마련이다. 좀 더 이르든 뒤늦든 간에 가차 없이 가면이 벗겨지고 나이에 관한 가혹한 진실이 극적으로 드러나는 바로 그 순간이 언젠가는 찾아온다. 노쇠함이라는 최후의 몰락을 맞이하기 전에 사람들은 자신의 성 정체성을 이루는 가장 화려한 면모—한창 시기의 남성성과 여성성—를 잃어 가기 마련이다. 노화는 일찍 자각되기도 하지만, 고령에 따른 신체의 쇠약은 오랜 역사의 결과물이다. 결국 겉모습의 변화와 내부의 기능 장애를 통해 사람의 몸은 그를 '배신한다'. 이러한 참패를 인식한 사람은 자신을 몸이 가한 고통의 피해자로 느끼고, 죽음을 향한 과정에서 몸이라는 연약한 껍데기가 인간의 정체성과 존재 전체를 이룬다는 사실을 거부하기까지 한다. 여기에도 '박해받고 있다'는 의식이 존재하며, 이 의식은 얼굴 없는 운명(치명적인 힘인 나이)의 도구로서 각자에게 찾아오는 질병들에 대항하는 수단으로 쓰인다.

이와 관련해 두 가지 사항을 언급할 수 있다. 점진적으로 진행되는 신체적 노쇠—어떻든 노화 자체의 증거인—에 시달리는 사람은 이를 신체적·정신적 고통으로 겪게 되는데, 이런 이중적인 고통은 오직 자연의 무관심을 전할 뿐이기에 달리 설명하기가 어렵다. 과거가 더 이상 존재하지 않는 것과 마찬가지로 몸은 시간이 흐름에 따라 노쇠하기 마련이다. 그러나 어떤 이들은 이러한 노쇠를 훨씬 더 일찍, 때로는 어린 시절부터 경험한다. 노쇠를 일찍 경험하는 이들은 굴욕감을 선사하는 고통스런 몸속에서 자신을 인식하기를 원치 않는 이들이 느끼는 비통함을 경감시켜 겪을 수 있고 또 그래야 한다. 부모가 아픈 유아와 청소년을 자주 병원에 보내듯 불안감을 느끼는 성인도 주기적으로 병원에 다녀야 한다. 그렇게 함으로써 그들은 어떤 일이 일어나든 최악의 상황에서 벗어나리라는 것을, 그리고 오늘날까지도 누군가가 자신에게 가한 박해의 결과로 여겨지곤 하는 가장 '부당한' 운명에서 벗어나리라는 것을 이해하게 될 터다.

자기 인식을 확보하는 데 가장 효과적인 도구가 여기에 다시 한 번 등장한다. 그건 바로 타자에 대한 인식, 타자가 존재한다는 사실에 대한 인식, 그리고 타자가 나를 박해할지도 모르는 이가 아니라는 사실에 대한 인식이다. 왜냐하면 노화가 타자에 대한 문제인 경우, 우리는 타자를 그의 몸이나 몸이 만들어 낸 기호들(열정에서부터 두려움에 이르는, 미소나 눈물이 표현하는 무한한 뉘앙스 차이)과 온전히 동일시하는 데 어떤 어려움도 겪지 않기 때문이다. 타자의 몸이 삶의 기호를 더 이상 제공하지 않는 순간, 그리고 삶의 모든 속성을 지녔던 누군가가 더 이상 존재하지 않는다는 사실을 인정해야만 하는 그 순간이 오기 전까지는 말이다.

우리 자신을 우리의 몸과 구별하고 몸을 심문하면서 저주하거나 아첨하도록 강제하는 환상은 계속해서 우리 눈앞에 어른거린다. 성찰적 의식의 술책, 즉 우리가 몸 바깥에서 독립적으로 실존한다는 환상은 타자가 죽음과 더불어 그 이전과 이후를 근본적으로 단절시키면서 갑작스럽고도 최종적으로 사라진다는 명백한 사실 앞에 깨질 수밖에 없다. 시야에서 사라지고 몸에서도 떠나면 더는 그 어떤 것도 존재하지 않고 무無만이 존재하게 된다. 그럼에도 여전히 무언가가 남는다고 믿고 싶었던 인간이 발명한 단어들—특히 공포와 희망으로 가득 찬 '죽음'이라는 단어 자체—은 공허함만을 감출 뿐이다.

고독은 노년이 야기하는 가장 가혹한 불행 중 하나라고들 말한다. 실제로 우리를 해안가에 안전히 묶어 주는 밧줄은 시간이 흐르면서 풀려 버리거나 적어도 느슨해지기 마련이다. 비록 어떤 사람들은 간절히 은퇴를 기대하지만, 은퇴는 단번에 익숙한 일상으로부터 거리감을 부여하며 어떤 면에서는 죽음과 상당히 닮아 있기에 당사자를 불안하게 만든다. 기념사와 화환, 진실한 감정 표현 등 장례식을 연상시키는 의식을 통해 기념되곤 하는 게 바로 은퇴라는 사실은 부정할 수 없다.

노년의 고독이 갖는 문제는 고독이 명백한 개인적 사실로 부과될 뿐 아니라 타자에 의해, 즉 나를 배신하고, 저버리며, 포기하고, 질병으로 실패나 죽음을 맞은 존재들에 의해 부과된다는 것이다. 오랜 시간에 걸쳐 나이가 들다 보면 가까웠던 여러 친구와 소원해지거나 그들이 사라져 버리는 걸 목격할 수밖에 없다.

그중 최악은 우리가 거기에 익숙해져 간다는 사실, 혹은 익숙해지는 것처럼 보인다는 사실이다. 끔찍한 일들을 공동의 운명으로 받아들이길 거부하는 우리의 선택이 무관심 탓이 아니라 온화함 덕택이라 여기면서 말이다. 그와 동시에 우리는 또 현재의 일들과 타인을 향한 무관심을 점차 키워 간다. 레오 페레[1]는 이를 두고 "그리고 아마 완전히 혼자인 기분이 들겠지만 힘들지는 않을 거야……"라고 노래하기도 했다.

---

1 [옮긴이] 시적인 노랫말로 유명한 프랑스 샹송 가수(1916~1993). 인용된 가사는 '시간이 흐르면'Avec le temps이라는 노래의 후렴구다.

오랜 친구의 죽음과 타인의 무시 탓에 우리를 괴롭히는 고독이 있는가 하면, 방어기제나 일종의 반항으로 작동하는 고독처럼 우리가 갈망하는 고독도 있다. 이처럼 여러 종류의 고독은 노년의 불가피한 일부인 걸까?

반드시 그렇지는 않다. 우리가 나이를 '만들건'faire 아니건 간에 우리는 우리의 나이를 '가진다'avoir. 정확히 말하면 우리도 나이를 가지고 나이 역시 우리를 가진다. 나이를 가지는[나이가 드는] 것이 살아 있음을 뜻하듯 노화의 기호는 동시에 삶의 기호기도 하다. 일찍이 키케로가 우리에게 일깨워 준 것처럼, 자기 몸에 특히 신경 쓰는 사람들이 대는 구실의 배후에는 겉멋을 넘어 온전한 삶을 누리고자 하는 욕망이 있다. 많은 이에게 온전한 삶은 이른바 활동적인 삶의 과정에서 맞닥뜨리는 제약 탓에 불가능한 이상일 수밖에 없다. 그래서 가끔은 은퇴가 일종의 해방과 거듭남의 기회, 마침내 제대로 된 삶을 살아갈 수 있는 시간—계산 없이 살아갈 수 있는, 더는 나이를 고민하지 않고 자신만의 시간을 누릴 수 있는—을 얻게 되는 기회로 여겨지는 것이다.

다른 한편으로 행운이라는 문제도 있다. 누군가는 다른 이들에 비해 노년의 고통으로부터 영향을 덜 받거나 더 늦게 받는다. 그 결과 이들은 자연스럽게 '고양이의 지혜'를 체득해 가능한 한도 내에서 자신의 몸을 활용하게 된다. 이들은 몸과 스스로를 동일시하면서 영리하게 자신의 힘을 비축해 둔다. 따라서 그들은 노년의 재앙에 관한 모든 비관적인 이야기와 정반대되는 사례를 제공한다. 가끔 우리는 삶을 즐기는 법을 익히기 위해 끝까지 기다려 온 것만 같은 노인들이 들려주는 멋진 유머에 놀랄 때가 있다. 당연한 일을 가리킬 때 고전적인 예시로 자주 인용되는 격언이 이를 요약해 준다. "죽기 5분 전까지만 해도 라 팔리스 씨는 아직 살아 있었다"Cinq minutes avant sa mort, Monsieur de La Palisse vivait encore. 그렇다, 바로 그거다.

향수

"우리 사랑엔 무엇이 남았나,
그 아름다운 날들엔 무엇이 남았나?"
샤를 트레네[1]

향수nostalgie에는 두 종류가 있다. 하나는 우리가 경험했던 과거에 초점을 맞추고, 다른 하나는 우리가 경험할 수도 있었을 과거에 초점을 맞춘다. 전자는 어법상 조건법 현재로 표현되며("행복했던 그때로 돌아갈 수 있다면 얼마나 좋을까"), 후자는 조건법 과거로 표현된다("그때 내가 과감하게 행동에 옮겼더라면 성공할 수 있었을 텐데"). 얼마간은 믿음직하고 얼마간은 그렇지 않은 기억이 빚어낸 전자의 향수가 시간의 비가역성에 정면으로 충돌한다면, 후자의 향수는 단순히 과거로 돌아가는 데 그치지 않고 이미 일어난 일을 되돌리기를 희망한다("부모님 말씀을 들었더라면……, 내가 너무 확신

---

1 [옮긴이] 프랑스의 샹송 가수이자 작사가, 작곡가(1913~2001). 인용문은 그의 대표곡인 「남겨진 사랑에는」Que reste-t-il de nos amours의 한 구절이다.

하지 않았더라면……, 만약 내가 떠났더라면……, 그때 내가 머물렀더라면…… 그랬더라면 내 인생도 달라졌을 텐데"). 이런 표현은 현재 시점에서 바라본 과거를 이중의 비현실로 파악함으로써 과거에 대한 회한을 [자신에 대한] 질책으로 대체한다. 과거에 일어났고 되돌릴 수 없는 일이 아니라 일어날 수도 있었지만 일어나지 않은 일에 초점을 맞추기 때문이다.

[반면] 우리는 일어나지 않을 수도 있었지만 결국에는 일어나 우리의 존재를 형성한 작은 사건들—우연한 만남, 갑작스런 충동, 갖가지 운 등과 같은—을 떠올릴 때 정반대 생각을 하곤 한다. "내가 5분만 늦게 도착했더라면, 만약 휴가를 미루지 않았더라면 내 삶이 그렇게 흘러가지는 않았을 텐데."

어쩌면 향수란 기만의 극치일지도 모른다. 시간을 덮칠 때 향수는 가차 없는 선별 과정을 거친다. 기억의 깊은 층위로 파고들어 결코 존재한 적 없던 과거를 발명해 내는 예리한 칼날인 망각은 향수가 휘두르는 비밀스럽고도 특히나 효과적인 무기다. 앳된 이른 사랑의 시기에 모든 것이 천국과도 같지는 않았음을 우리는 마음속 깊이 너무나 잘 알고 있다. 그런데 우리는 공허함과 욕망, 상상과 더불어 바로 그 순간으로 돌아가기를 소망한다. 이 소망이 얼마나 헛된 것인지를 알면서도 말이다. 하지만 우리가 그리워하는 그것은 결코 존재한 적이 없다. 이것이 존재할 수 있는 건 우리가 현재를, 정확히는 현재의 욕망을 투사한 덕분이다. 결국 두 종류의 향수는 합쳐지는데, 더욱 고통스러운 심리 상태를 야기하는 후자의 향수는 최소한 어떤 명료함이라는 장점은 지닌다. 향수를 통해 일어날 수도 있었을 일을 환기하게 되어서가 아니라, 과거의 실패와 결핍을 우리가 겪은 실제 경험으로 인정하게 되기 때문이다.

두 경우 모두에서 향수는 우리의 현재에 대해, 그리고 시간과 함께 노는 즐거움에 대해 많은 것을 말해 주며, 이 점이 향수가 지닌 양가성을 설명해 준다. 만약 향수가 회한을 제대로 표현할 수 있다면 우리에게 진정한 즐거움의 기회를 마련해 줄 테니 말이다. 이런 기회는 기억과 상상을 빌려 작중 등장인물의 과거를 창조해 내는 작가들의 즐거움과 확실히 유사한 데가 있다. 자신의 과거와 관련해 우리는 모두 창조자이자 예술가다. 우리는 흘러간 시간을 영원히 관찰하고 재구성하면서, 즉 뒤를 바라보면서 앞으로 나아간다. 따라서 노년의 지혜와 관련한 옛말들은 틀렸다고 할 수 있다. 노년이 되었다 해서 젊은 시절보다 많이 아는 건 아니다. [하지만] 나이가 들면 젊은 시절에 무지해서 우유부단했던 건 아님을 알게 된다. 이미 알고 있었지만 감히 실행에 옮기지는 못했던 일들이 있었다는 사실을 깨닫는 것이다. 그리고 이것이 바로 둘째 종류의 향수를 가능케 하는 토대다.

꼭 명곡이 아니더라도 지하철이나 거리의 카페에서 길거리 뮤지션의 연주를 따라 흥겹게 흥얼거리게 되는 노래들이 있다. 이런 대중가요의 후렴들은 우리에게 지나간 과거보다는 어떤 형태의 영속성을 상기시켜 준다. 단지 몇 마디만으로 한순간에 되살아날, 예전에 그랬던 것처럼 곤란하고 헛된 형태로 온전히 되돌아올, 우리 안에 내재된 욕망의 영속성이 그것이다.

그때 의식이 야기하는 환상, 모호한 멜랑콜리의 쾌감은 사랑에 대한 정서적 기억이나 감정에 국한되지 않으며, 어떤 결핍에 대한 깨달음을 우리 내면 깊은 곳에서 일깨워 준다. 노인들의 경우 젊은 시절처럼 미래나 앞으로의 계획을 꿈꾸면서 그런 환상을 떠올리지는 않지만, 환상을 야기하는 의식 자체는 노인이든 젊은이든—물론 지나치게 섬세한 젊은이와 다소 과격한 노인이 존재할 수는 있겠지만—똑같이 가지고 있다. 이런 의식은 어떤 불완전한 상태가 유용하게도 창조를 향한 욕망, 다른 무언가 혹은 다른 어딘가를 향한 욕망을 불러일으키는 행복한 의식으로 이어질 수 있다. 이는 과거와 미래가 뒤섞이는 삶의 탁월한 기호이자 어느 노래의 후렴처럼 지나갔다가도 되돌아오는 시간의 기호, 즉 나이 없는 기호가 될 터이다.

향수는 강력한 힘을 가졌으며 그렇기에 위험이 잠재해 있다. 향수는 가장 광적이고 가장 반동적인 격정에 불을 지필 수 있다. 오늘날 젊은이 중에는 나치의 제3제국에 '향수'를 품은 이들이 있는데, 나치에 대해 그들이 가진 이미지는 다른 이들에게서 온 게 분명하다. 직접 경험해 보지 못한 과거는 복원해 주장하기 가장 쉬운 유형에 해당한다. 더 일반적인 방식으로 말하면 이런 정치적 향수는 실제 존재했던 과거에 초점을 맞춘 향수나 존재할 수도 있었을 과거에 초점을 둔 향수와 구분되는 셋째 범주의 향수를 보여 준다. 전통주의자와 반동주의자는 상상적인 것을 위해 싸우는 전사요, 진보주의자의 유토피아만큼이나 환상에 불과한 가상의 과거에 헌신하는 이상주의자다. 하지만 진보주의자와 달리 이들은 실제로 존재하지 않았거나 수치스러운 과거를 동경하며 새로운 질서를 수립하려 들기에 더욱 위선적이다. 더 넓은 범위에서 볼 때 정치적 수사는 과거를 재구성해 거기에 모호하게 의지하곤 한다. 이처럼 재구성된 과거는 어떤 일이든 다시 가능해질 수 있다는 주장을 펼치기 위해 지나간 시간—위대한 사례나 위대한 인물 같은—을 환기한다. 재발견해야만 하는 실제 역사의 존재를 전제하는 듯 보이는(마치 오늘의 가상현실이 어제의 실제 현실이었던 듯이) '재're라는 접두사에 모든 것이 놓여 있다. 정치적 감수성에 따라 달라지는 신화적 권력들과 더불어, 그리고 어느 경우든 객관적 내용을 초과하는 상징적 힘과 더불어 그렇게 우리의 신화적 연월들, 즉 '1936년', '1945년', '68년 5월' 등이 탄생하게 되는 것이다.[2]

이 연월 중 어느 것도 나와 무관하지 않았다. 다른 모든 이와 마찬가지로 나도 '1936년'을 첫 유급휴가를 획득한 노동자들을 찍은 영화 이미지와 관련시켜 떠올린다. 또한 나 역시 나치로부터의 해방이 가져다준 기쁨과 그에 이은 전쟁의 승리를 경험했고, 많은 사람처럼

---

2 [옮긴이] 1936년은 프랑스에서 최초로 모든 노동자에게 유급휴가가 법적으로 보장된 해이며, 1945년은 제2차 세계대전이 끝난 해다. '68년 5월'은 1968년 5월 학생과 노동자가 중심이 되어 기존 사회 질서 전반에 저항한 이른바 '68혁명'을 가리킨다.

1968년 이후의 내 삶은 그 전과 결코 같을 수 없었다. 그럼에도 실제 역사를 충실히 들여다보면 각각의 시기와 결부된 이미지보다 구체적인 현실이 더욱 복잡하다는 걸 분명히 알 수 있다. 그리고 각 연월에 부여된 상징적 힘의 경우, 특히 그것이 젊은 세대를 향해 잘못 사용될수록 더욱 효과를 발휘하리라는 것 역시 분명하다.

과거가 개개인의 삶에 끼치는 영향은 여러 이름으로 불린다. '향수'가 그중 하나라면, 다른 하나는 판에 박힌 '일상'routine이다. 일상은 중단되지 않는 습관, 스스로에 대해 생각할 필요 없는 지속성, 무의식적인 충실함, 게으름을 뜻한다. 향수는 이러한 일상을 허물기 위해 우리를 찾아온다. 향수가 아니었다면 특별한 문제와 질문이 없었을 단조로운 일과에 과거에 이루지 못했던 가능성들이 끼어들면서 평온했던 일상은 시험에 든다.

무엇보다 타인과의 만남—이를테면 사랑, 특히 격정적인 사랑—은 우리의 고독과 우리를 둘러싼 '사막'을 강렬하게 경험할 기회가 된다. 그로 인한 병적인 우울함은 무라카미 하루키의 소설『국경의 남쪽, 태양의 서쪽』国境の南, 太陽の西을 관통하는 주제기도 하다. 소설 속 등장인물 시마모토는 주인공 하지메가 순수했던 어린 시절 만난 여자 친구다. 하지메는 기억 속 상상을 통

해 시마모토와 나누었던 감정적·지적 친교를 계속해서 꿈꾸고 떠올린다. 각자의 삶이 이들을 갈라놓았을 때 그는 상황을 바로잡을 수 없었고 감히 그러려고 하지도 않았다(이때 작용한 건 앞서 살펴본 두 종류의 향수였다). 그로부터 25년이 지난 뒤 시마모토는 하지메 앞에 미스터리한 여성으로 다시 등장하지만 그와의 격정적인 하룻밤을 보낸 후 또다시 사라지고 만다. 시마모토의 현재 삶에 대해 아무것도 모른다는 사실을 깨달은 하지메는 아내 유키코와 함께 홀로 남은 자신을 발견한다. 그제야 그는 아내에게 정말 아무것도 말한 적이 없음을 깨닫는다("분명히 나는 유키코에게 무엇 하나 물으려고 하지 않았다").[3] 그는 자신의 경험에서 어떤 것도 배우지 못했다("나는 내가 다시 한 번 그 무력하고 어쩔 줄 몰라 하던 열두 살짜리 소년으로 돌아가 버린 듯한 기분이 들었다").[4] 자신이 누구인지 알기 어렵다는 걸 제외하면, 자기로부터 벗어나는 법을 익히기 위한 노력이란 아마도 이런 것이리라. "그것[환상]은 나를 위해 꿈을 빚어내 주지 않았다.……그리고 아마 이번엔, 내가 누군가

3 [옮긴이] 무라카미 하루키, 『국경의 남쪽, 태양의 서쪽』, 임홍빈 옮김, 문학사상사, 2006, 328쪽.
4 [옮긴이] 같은 책, 223쪽.

를 위해서 환상을 빚어내 주어야 할 것이다. 그것이 내게 요구되고 있는 일인 것이다."[5]

따라서 자신을 되찾기 위해 타인을 다시 찾아내는 것이 향수에서 빠져나오는 방법이 될 수 있다. 그러나 진정한 되돌아옴을 위한 시험에 첫째 향수를 답안으로 제출할 정도로 어리석었던 주인공이 그 향수를 다른 향수로 바꾸기로 이미 결심해 두지 않았다면 자신을 되찾기는 어려웠을 것이다. 하루키의 소설이 암시하는 건 바로 이 사실이다.

향수를 마음대로 바꾸는 건 분명 쉬운 일이 아니다. 그렇지만 우리 모두는 마음속에 계속 머물다가 가끔씩 특별한 이유 없이 예기치 않게 떠오르는 이미지들을 가지고 있다. 각각의 이미지가 꼭 중요한 사건들과 일치하는 것은 아니며, 그 사건들의 정확한 날짜를 기억하지 못할 수도 있다. 그 이미지들은 그저 그곳에 있을 뿐이다. 이것들은 강박관념이 아니다. 눈에 띄지 않는 존재로서 우리가 붙잡는 데 관심을 보이지 않는다면 사라져 버릴 것들이다. 하지만 단편적인 풍경, 언뜻 본 얼굴,

---

5 [옮긴이] 무라카미 하루키, 『국경의 남쪽, 태양의 서쪽』, 331~332쪽.

도로변, 바닷가 등 그런 이미지는 자신이 유효한 상태로 남아 있다는 걸 확인시키기라도 하듯 언젠가 한 번쯤은 돌아온다. 그런데 정확하지는 않지만 꽤나 충직하게 기억을 확인해 주는 일화—아주 오래전, 거의 잊힌 어린 시절로부터 떠오른—가 있다 해도 이 이미지들은 내게서 달아나 버리곤 한다. 정신의 신비 안에서 그 의미를 찾으려 필사적으로 노력하거나 그것들이 감추는 게 무엇인지 궁금해할 필요는 없다. 그보다 이들은 아마 사라지기를 원치 않는 시간의 기호들, 잃어버린 과거와 알 수 없는 미래를 잇는 가교들, 혹은 언젠가 활용될 준비를 마친 여분의 향수들에 해당할 것이다.

향수

우리는 모두
젊은 채로 죽는다

살아오면서 여러 고양이—대부분 암컷이었다—와 함께 시간을 보냈다. 처음이자 유일했던 경우를 제외하면 고양이들은 모두 중성화 수술을 받았고, 그 탓에 짝짓기의 즐거움과 새끼를 키우며 가지는 감정을 느낄 수는 없었다. 각각의 고양이가 보여 주었던 삶은 반복되는 이야기의 연속이었다. 장난기 넘치는 처음 몇 달, 의기양양한 성숙기, 점진적인 근력 감소, 그리고 항상 똑같이 찾아드는 말년의 평온함까지. 살다 보면 시간이 점점 더 빨리 흘러간다는 사실을 느낄 수 있다. 인간의 입장에서 볼 때 반려동물의 미덕 중 하나는 아마도 그들이 대체 가능하다는 사실일 것이다. 곧바로 다른 반려동물을 찾아 함께하면 이전에 키우던 동물과의 사별이 안긴 슬픔을 줄일 수 있기는 하다. 그리고 어느 정도 나이가 든 사람이 마지막으로 세상을 떠난 반려동물을 대체하지 않기로 결심한다면, 그때부터는 인간과 동물의 운명이 나란히 놓이게 되리라는 걸 짐작했기 때문일 것이다.

물질적 환경 탓이든 권태 때문이든 더 이상 대신할 수 없을 마지막 고양이나 개의 죽음은 관점의 변화를 야기한다. 그 전까지 우리 눈에 반려동물은 불멸의 존재 앞에 선 필멸의 존재로 보였을 것이다. 우리는 그리스 신화의 신들이 인간을 내려다보듯이 동정심 가득한 시선으로, 그리고 우리가 이들의 운명을 바꿀 수 없다는 사실을 슬프게 인식한 채로 개와 고양이를 이해할지도 모른다. 그러나 반려동물을 앞에 둔 우리는 사실 불멸의 존재가 아니며 반신반인조차도 아니다. 죽은 개나 고양이를 대체하지 않겠다고 결심하는 것은 우리의 반려동물처럼 우리 역시 죽을 운명이라는 사실을 인정하는 것이다. 이는 반려동물과 동질감을 느끼는 하나의 방법이다. 또한 그들의 생이 보여 주는 평온함, 그리고 자연과의 친화성이 지닌 비밀을 곰곰이 생각할 기회기도 하다. 조르주 바타유가 '내밀성'intimité이라 부른 동물의 이런 특성은 이것이 개별성과는 궁극적으로 양립할 수 없음을 암시한다. 실제로 우리가 오랫동안 예상해 왔다고 여겼던 그 사건[죽음]에 특히 예민해지게 되는 건, 우리 각자의 개별성이 용해되는 순간이 다가왔음을 더욱 의식하게 되는 나이에 도달해서다. 그때 고양이의 지혜를 얻게 되는 것이다.

그럼에도 불구하고 인간의 경우에는 완전한 존재를 이루기 위해 타자를 필요로 하는 개별적인 의식을 가지고 있다는 문제가 있다. 루소는 비엔 호수 변에서 보냈던 행복한 시간이 주변 자연환경에 녹아드는 경험뿐 아니라 친절한 집주인의 존재 덕분이기도 했다는 사실을 깨달았다. 우정과 사랑, 비탄 등의 감정은 인생이 타자의 존재와 연결되어 있음을 드러내 주는 기호다. 나이 듦은 우리가 여러 다른 만남과 관계를 탐색하도록 해주며, 가끔은 그런 만남과 관계로 인해 고통을 겪도록 강요하기도 한다. 그리고 '제3의 인생'이나 '제4의 인생' 같은 흔한 완곡어법이 등장할 만큼 기대 수명이 늘어난 오늘날에는 이 같은 경험이 그 어느 때보다 다양해지고 있다.

하지만 우리의 자기 인식이 항상 몸의 상태를 반영하는 건 아니다. 만약 떨어뜨린 열쇠를 주으려 몸을 숙이는 데 어려움을 겪는다면, 이런 동작 정도는 전혀 힘들이지 않고 해낼 수 있다는 자기 이미지를 아직 내 안에 가지고 있다는 뜻이다. 만약 누군가가 나를 도와주려 한다면, 내 몸이 뻣뻣해진 게 사실인 만큼 조금 더 부드럽게 거절의 뜻을 표할 것이다. 어느 정도 유연성을 유지하고자 운동하는 것과 열차에서 가방을 들어달라고 도움을 청하는 게 함께 갈 수는 없는 걸까? 나이가 든다는 건 새로운 인간관계를 시도하게 된다는 뜻이다. 많은 사람이 모르고 있지만 이는 알고 있으면 좋을 특권이다. 또한 누군가에게 노년은 윗세대가 느꼈던 감정을 궁금해하면서 상상해 오기만 했던 일들을 경험하고, 어떤 면에서는 그들과 합류해 세대 간의 거리를 좁힐 기회가 된다. 노년이 되면 결국 무언가를 알게 되는데, 그건 바로 내가 어렸을 적에 노인들이 말해 준 것처럼 나이가 드는 게 크게 유난 떨 일이 아니라는 사실이다. 잘 모르는 사람들이 멀찍이서 바라본 타자와 같다는 점에서 노년은 이국적 정취exotisme와 같다. 사실 노년이란 건 따로 존재하지 않는다.

노년에 이를 때까지 쌓여 간 시간은 과거에 일어난 일들을 순서대로 더한 축적물이 아니다. 시간은 쓰여 있던 글자 위에 다시 글자를 써 넣은 양피지와 같다. 거기 기록된 모든 일이 다시 떠오르지는 않지만, 때로는 가장 먼저 기록된 일이 가장 쉽게 표면에 드러나기도 한다. 사실 알츠하이머병은 망각이라는 자연선택 과정에 가속이 붙은 현상일 따름인데, 말기까지 남는 가장 끈질긴 이미지―사실에 가장 가까운 이미지는 아니더라도―는 대부분 어린 시절의 이미지다. 이런 관찰에는 잔인한 면이 있지만, 우리가 이를 반기든 개탄하든 인정해야만 하는 사실이 있다. 우리는 모두 젊은 채로 죽는다는 사실 말이다.

비장소의 인류학자,
노년을 말하다

「꽃보다 할배」시리즈는 2013년 첫 방송 이래 지난 2018년까지도 시즌을 이어 가며 방송 중인 인기 예능 프로그램이다. 평균 연령이 70대인 '할배'들의 해외 배낭여행이라는 독특한 포맷과 더불어, 인생의 정점을 한참 지난 노년의 배우들이 보여 준 삶에 대한 긍정적인 태도로 많은 시청자의 호응을 얻었다. 이를테면 첫 여행지였던 프랑스에서 배우 신구는 혼자 유럽을 여행 중인 젊은 학생을 만나 "존경스럽습니다"라는 인사로 진심을 전했고, 팔순을 훌쩍 넘긴 배우 이순재는 방문하는 여행지마다 학구열을 불태우며 하나라도 더 보고 배우기 위해 노력하는 모습을 보였다. 여행지의 문화와 사람을 존중하고 여행 도중 만난 젊은이를 친근하게 반기는 이들의 모습에 동년배인 노년층뿐 아니라 젊은 시청자 역시 호평을 보냈다. 이처럼 세대를 아우르는 좋은 반응에는, 젊은 세대와 소통이 불가능한 존재로까지 여겨지기에 이른 최근 한국 사회의 일부 노인과 상반되는 면모를 텔레비전 속 등장인물들이 보여 주었다는 사실도 한몫했을 것이다. 많은 면에서 이들의 행동은 우리가 현실에서 흔히 볼 수 있는 '나이 든 꼰대'가 아닌, '나도 저렇게 나이가 들면 좋겠다'는 생각이 들게끔 만드는 모습이었다. 무엇보다 시청자들이 긍정적으로 본건, 시간이라는 거역할 수 없는 흐름을 거스르려 하기보다는, 자신의 나이에 순응하며 여행지에서 보고 듣는 것들을 통해 자신의 지나간 인생을 반추하는 그들의 태도였을 것이다.

그런데 이렇게 자연스러운 모습으로 노년에 도달하는 건 사실 쉬운 일이 아니다. 특히 현대 사회에서는 일부러 노력하지 않는 이상 자신보다 나이 어린 이들로부터 기피 대상이 되기 십상인 것이 노년의 삶이다. 젊은 시절과는 다를 수밖에 없는 현재의 신체와 정신에 대한 끊임없는 자기 성찰의 끝에야 도달할 수 있는 게 그런 이상적인 노년 아닐까. 이 책『나이 없는 시간: 나이 듦과 자기의 민족지』*Une ethnologie de soi: Le temps sans âge*는 이처럼 나이 든다는 사실의 의미, 즉 노화와 노년의 본질에 관한 노老학자의 성찰을 담고 있다.

인문·사회과학 분야에 관심이 있는 독자라면 인류학자 마르크 오제의 이름은 들어보지 못했어도 '비장소'라는 개념은 접한 적이 있을 것이다. '비장소'는 최근 국내에도 번역 출간된 『비장소: 초근대성의 인류학 입문』 *Non-lieux: Introduction à une anthropologie de la surmodernité*, 1992[1]에서 오제가 제안한 용어로, 전통적인 장소성의 변화 혹은 상실로 등장한 새로운 형태의 공간성을 설명하기 위한 개념이다. 오제에 따르면 사람들 사이의 관계성, 장소에 깃든 역사성, 준거를 제공하는 고유한 정체성 등의 성질을 지닌 '인류학적 장소'anthropological place와 대비되는 새로운 공간 논리가 작동하는 곳이 바로 '비장소'다. 해당 공간의 이용자들이 공유하는 익명성을 바탕으로 이미지와 기호 등의 매개가 지배하는 비장소는 현대 사회에서 점차 그 비중이 증가하고 있는 소비와 이동을 위한 공간을 주로 지칭한다. 대표적인 예에 해당하는 것이 국제선 공항과 고속도로, 대형 쇼핑몰, 호텔, 미디어 네트워크 등이다. 비장소 개념을 활용한 이 같은 분석은 인류학을 넘어 다양한 학문 분야에

1 마르크 오제, 『비장소: 초근대성의 인류학 입문』, 이상길·이윤영 옮김, 아카넷, 2017.

영향을 주며 오제에게 세계적인 명성을 안겼다.

　얼핏 보기에 공간성의 범주에 속하는 비장소에 대한 논의로 유명한 인류학자가 시간성과 밀접한 관련이 있는 노년에 대해 논한다는 게 다소 어색할 수도 있을 듯하다. 하지만 우리의 생활 세계에 관한 경험에서 공간과 시간을 분리해 생각할 수 없음을 떠올리면 이 조합이 그렇게 이상한 것만은 아니라는 사실을 깨달을 수 있다. 실제로 이 책의 내용은 노년을 드러내는 지표인 '나이'보다는 노년에 도달하는 과정에 해당하는 '시간'에 더 초점을 맞춘다. 프랑스어판 원서 제목의 부제이자 한국어판 제목으로 정한 '나이 없는 시간'Le temps sans âge은 이 같은 책의 내용을 잘 드러내는 표현이다. 책의 첫 장에서 오제는 "시간은 자유를 뜻하지만 나이는 제약을 뜻한다"고 강조하는데, 이와 관련해 그가 드는 사례는 다름 아닌 '고양이'다. 고양이는 나이에 구속되지 않는, 인간과 다른 시간 감각을 지니고서 살아간다는 것이다. 얼마 전 한국에서도 한 텔레비전 드라마와 인터넷 등을 통해 고양이에게는 세월의 흐름에 관한 인식을 관장하는 뇌 부위인 신피질neocortex이 없기에 시간성에 대한 관념도 없다는 이야기가 나돈 적이 있다. 진화 과정에서 신피질이 발달해 과거와 미래에 대한 관념에 사로잡히게 된 인간과 달리, 고양이는 오직 현재라는 시간대에 갇힌 것과 같은 삶을 살아간다는 것이다.

사실 이는 잘못된 과학적 사실이 대중적으로 널리 알려져 소비된 또 하나의 사례다. 비록 인간보다 비중이 작긴 하지만 고양이 역시 신피질을 가지고 있으며, 신피질의 기능은 시간 감각뿐 아니라 지각과 인식, 공간 감각 등과 관련되어 있다고 한다.[2] 여기서 흥미로운 건 고양이가 실제로 신피질을 가지고 있느냐 여부보다도 고양이가 시간 관념이 없다는 언설에 의외로 많은 사람이 공감했다는 사실 자체다. 특정한 뇌 부위가 없기에 지나간 삶에 대한 회한도 느끼지 않고 미래에 대한 걱정과 두려움도 겪지 않는다는 아이러니가 공감을 얻은 현상은 사람들이 시간의 흐름이 가하는 압박에 그만큼 시달리고 있다는 반증이기도 할 것이다. 여기에 더해 실제로 고양이를 키우는 '집사'들의 눈에는 자신의 고양이가 과거와 미래에 얽매이지 않고 살아가는 것처럼 보인다는 사실도 한몫했을 터이지만 말이다.

---

2 반려동물 뉴스 『노트펫』(www.notepet.co.kr) 2018년 9월 12일 기사, 「[양쌤의 수의학 이야기] 고양이에겐 오늘이 어제와 똑같다고?」, https://www.notepet.co.kr/news/article/article_view/?groupCode=AB400&idx=13219.

이 책의 첫 장 제목이기도 한 '고양이의 지혜'는 바로 그런 고양이의 시간 감각이 우리 인간의 노년에 어떤 메시지를 전할 수 있는지에 관한 은유다. 오제에 따르면 인간의 삶에서 상상력의 원료가 되는 시간과 달리, 나이는 세월의 흐름을 한 방향으로만 보게 만들면서 우리에게 제약을 가한다. 그러니까 나이에 관한 인식은 추상적 관념인 시간을 시간 그 자체로가 아니라 과거로부터 미래에 이르는 선형적인 흐름 안에서만 이해하게 만들어 인간을 그 속 어딘가로 밀어 넣는다. 이런 인식 하에 우리는 각각의 연령대에 맞추어 특정한 사회적 의무나 역할을 스스로에게 부과하면서 계속 나이에 얽매일 수밖에 없다. 반면 세월의 흐름과 그에 따른 자연스러운 노화에 적응하면서 나이의 제약으로부터 벗어나 시간이 주는 자유를 받아들이는 것이 고양이의 삶이라는 은유를 통해 배울 수 있는 지혜라는 것이다.

책 전반을 통틀어 오제는 고대 로마의 문필가 키케로부터 현대 일본의 소설가 무라카미 하루키에 이르기까지 서로 다른 시대와 문화를 넘나드는 폭넓은 독서 경험에 근거해 노년과 시간성에 관한 성찰을 제시한다. 2000년 전 키케로가 남긴 노년론에서 시간의 비가역성을 거슬러 정신적·신체적 쇠락을 부정하고자 하는 시도가 지닌 모순을 간파해 내는가 하면, 무라카미 하루키의 소설로부터는 평온한 일상에 균열을 초래하는 향수鄕愁의 힘을 읽어 낸다. 책에서 가장 많은 분량을 차지하는 장인 「자서전과 자기의 민족지」에서는 미셸 레리스와 시몬 드 보부아르, 슈테판 츠바이크, 장-자크 루소 등의 작가가 남긴 작품에 등장하는 시간과 나이의 굴절과 경합을 세밀하게 살핀다. 그는 문학 장르인 동시에 인류학적 탐구 대상으로서의 자서전을 검토해 나이가 삶에 부과하는 수동성에 맞서 시간을 향유함으로써 얻을 수 있는 삶의 능동성을 대조시킨다. 그 핵심에는 자서전이라는 장르에서 시간과 나이 두 요소가 자아내는 '이중의 템포'가 거시적인 역사와 미시적인 개인의 경험이라는 또 다른 이중의 층위에서 반복되고, 그로 인해 독자들이 타인의 서사인 자서전을 읽으며 스스로의 인생을 재발견하게 된다는 통찰이 놓여 있다.

이렇듯 본문에서 활용하는 다양한 저작이 그의 간접 경험에서 비롯한 자료라면, 그와 함께 본문의 주요 자료로 등장하는 것이 바로 오제 자신의 직접 경험이다. 앞서 언급한 '고양이 집사'로서의 경험뿐 아니라 인류학자로서 코트디부아르에서 진행한 현장 연구, 그리고 프랑스 지하철에서 자리를 양보받은 경험이 안긴 실망 감까지 그가 직접 겪은 사례들이 책 속에서 다양한 형 태로 제시된다. 이처럼 지은이 본인의 직·간접 경험을 넘나들며 노년이라는 사회문화적 현상에 관한 성찰을 제공하는 서술은 이 책의 원제에서도 드러나는 연구 방 법론인 '자기의 민족학'une ethnologie de soi 혹은 '자기 민 족지'autoethnographie를 바탕으로 한 기법이다. 제목에 쓰인 용어인 ethnologie(영어로는 ethnology), 즉 '민족 학'은 넓은 의미에서 인류학의 하위 분야 중 하나로, 근 대적인 분과 학문으로서 인류학이 태동하던 19세기 이 래 서로 다른 민족 집단이 지닌 문화적 속성 등에 관한 연구를 가리키는 데 사용되어 왔다. 이에 따라 프랑스 어판 원제를 옮긴다면 '자기의 민족학'이라 해야겠지만 한국어판에서는 '자기의 민족지'로 옮겨 부제로 삼았 다. 책의 실제 내용이 담은 의미를 전달하기에는 한국 어로 옮겼을 때 다소 딱딱한 어감을 주는 '학'學보다 결 과물로서의 글에 해당하는 '민족지'라는 표현이 더 낫 다고 보았기 때문이다.

'민족지'民族誌라고 옮긴 ethnography는 국내 학계에 서 다양한 번역어가 쓰이는 용어다. 본래 ethnography 는 '민족'이나 '종족'을 뜻하는 그리스어 ethnos와 '기록'

을 가리키는 그리스어 graphia가 합쳐져 탄생한 단어로, "민족을 비롯한 특정 인간 집단의 삶을 생생하게 기술한 글"을 가리킨다. 그런데 인류학의 연구 대상이 전통적인 의미의 '민족'에 국한되는 건 아니라는 지적에 따라 기존의 '민족지' 외에도 '민속지'나 '문화기술지' 등 다른 번역어가 사용되는 경우도 많다. 하지만 이런 대안들 역시 각각 또 다른 오해를 불러일으킬 수 있기에 번역어로서 한계를 갖고 있는 게 사실이다.[3] 그리하여 이 책에서는 기존의 번역어 중 가장 널리 쓰여 온 동시에 오제가 다룬 폭넓은 분석과 주제를 아우르기에 적합하다고 판단한 '민족지'라는 용어를 사용하기로 했다.

'자기의 민족학'의 결과물에 해당하는 자기 민족지는 "연구자 개인의 경험을 여러 실험적 양식을 통해 생생하게 기술함으로써 일정한 자기 성찰과 이론적·문화적 해석에 도달하려는 방법론적 시도"[4]를 가리킨다. 오제의 대표작인 『비장소』를 한국어로 옮긴 이상길에 의하면 연구자의 개인적 경험을 강조하는 자기 민족지는 특히 자문화 연구에서 인류학의 주요 연구 대상인

---

3 이용숙·이수정·정진웅·한경구·황익주, 『인류학 민족지 연구 어떻게 할 것인가』, 일조각, 2012, 16~17쪽.
4 오제, 『비장소』, 54쪽 옮긴이 주 25번.

타자에 다가서는 효율적인 수단으로 여겨진다. 인류학자 자신을 연구 대상으로서의 타자, 즉 자문화의 토착민이자 핵심 정보원으로 간주함으로써 연구 대상의 인류학적 차원을 그것이 위치 지어지는 집합적 체계 및 연구자의 개인적 경험과의 관련 속에서 심층적으로 규명하고 해석할 수 있기 때문이라는 것이다.[5] 하지만 여기서 간과해서는 안 되는 것이 자기 민족지 기법의 한계와 위험성이다. 이에 이상길은 인류학자 자신이 연구 대상 및 독자층과 동일한 문화를 공유하며 해당 문화에 대한 최적의 정보원을 자처하며 민족지를 쓸 때 미묘한 문제들이 발생할 수 있음을 지적한다. 인류학 연구에서 중요한 위치를 차지하는 연구 대상과의 복합적인 상호작용이 생략되거나 연구자 자신을 중심으로 압축됨으로써 민족지 쓰기가 인류학자 개인의 경험을 쉽게 일반화하거나 타자들에 투사하는 수준에 머물 위험성이 커진다는 것이다.[6]

나 역시 인류학의 연구 결과물이자 핵심에 해당하는 민족지의 현재와 미래, 그리고 민족지가 제공하는 분석

---

5 이상길, 「옮긴이 해제: 따로 또 같이, 비장소에서 살아가기」, 『비장소』, 198쪽.
6 같은 글, 같은 책, 203~204쪽.

의 정확도와 효율성에 대해 고민 중인 인류학자로서 이러한 지적에 깊이 공감한다. 특히 점차 많은 인류학자가 스스로 익숙하고 그에 대한 사전 지식 또한 충분히 갖추고 있는 자기 자신의 문화에 대한 연구를 진행하고 있는 현실에서, 자기 민족지의 강점과 효용 그리고 한계에 대해서는 앞으로도 많은 고민과 논의가 필요하다고 생각한다. 그 점에서 이 책을 노년을 다룬 한 편의 글을 넘어 자기 민족지의 한 전범으로 재해석하고 분석할 필요도 있다. 노년과 시간성에 관한 자기 민족지로서 이 책이 저자의 목적을 얼마만큼 충실히 이루었는지는 독자 여러분께서도 판단해 보셨으면 한다.

이 같은 학술적 함의를 지니고 있기도 하고 오제의 글쓰기 스타일이 유려한 동시에 암시적이기도 해서 쉽게 읽을 수 있는 종류의 책은 아니다. 가볍게 읽고 넘어가기보다는 한 문장 한 문장 찬찬히 읽어 가면서(때로는 다시 앞으로 돌아가 이미 읽은 부분을 되돌아보기도 하면서) 한참을 곱씹어야 지은이의 의중을 파악하게 되는 내용이 대부분이다. 오제가 쓰는 문장을 봐도 직관적으로 내용을 전달하기보다는 독자의 자기 성찰을 유도해 자신이 제시하고자 하는 노년과 시간이라는 철학적 주제로 이끄는 경우가 많다. 그리고 한국에는 다소 낯선, 프랑스 사회의 맥락에서 이해 가능한 인용과 비유가 다수라는 점도 국내 독자가 읽기에 다소 걸림돌이 될 듯하다. 프랑스를 비롯한 서구와 달리 국내에서는 지명도가 그렇게까지 높지 않은 작품들의 인용 역시 상당히 많다. 이런저런 이유로 짧은 분량임에도 이 책의 내용을 한국어로 옮기는 과정이 쉽지 않았음을 고백해 두어야 할 듯싶다. 솔직한 심정으로는 한국 사회의 내부자인 옮긴이 입장에서 오제의 자기 민족지 기법을 재전유해 한국 독자들에게 더 익숙한 사례나 작품 인용을 함께 소개하면 어떨까 하는 생각이 몇 번이나 들 정도였다. 대신 필요하다고 판단한 부분에는 최대한 옮긴이 주를 넣어 부연했는데, 독자 여러분의 독서 흐름에 방해가 되지 않기를 바랄 뿐이다.

번역은 프랑스어판을 중심으로 하되 옮긴이에게 조금 더 익숙한 언어인 영어판을 참고해 가며 진행했다. 처음 번역을 제안받은 뒤, 비장소 개념에 관한 논문과 해설서를 한 편씩 냈다는 자신감만 믿고 호기롭게 번역을 맡았다가 시간만 너무 많이 걸려 출판사에 누가 된 듯하다. 번역 과정과 출간에 이르기까지 인내를 갖고 기다려 주고, 특히 번역이라는 지난한 작업을 처음 맡은 옮긴이의 부족함을 꼼꼼한 검토와 교정으로 채워 준 플레이타임 출판사에 감사드린다. 아울러 번역이 막힐 때마다 옆에서 도움을 준 파트너 이인혜 님에게도 감사의 뜻을 전하고 싶다. 물론 번역상의 오류는 전적으로 옮긴이의 책임이다.

전체 열한 개 장으로 이루어진 내용을 한국어로 옮기며 개인적으로 가장 마음에 들었던 구절이 있다. 「사물의 나이와 타인의 나이」라는 장의 말미에 "나이가 들지 않는 책이란 독자로 하여금 항상 새로운 무언가를 발견할 수 있다는 기대를 품게 만드는 책이다"라는 문장이 등장한다. 책이라는 사물의 가치가 예전 같지 않아진 요즘, 책이 지녀야 할 가치를 잘 보여 주는 내용이라 생각한다. 노년이라는, 인간이라면 피할 수 없는 보편적 주제에 관한 사유를 전개하는 이 저작이 그런 책이 되었으면 하는 바람이다.

추천의 글

‘나이 듦’이란 무엇일까?『비장소』로 공간에 관한 새로운 사유의 지평을 열었다고 평가받는 인류학자 마르크 오제는『나이 없는 시간』에서 노화에 대한 진지한 성찰을 제안한다. 답변의 실마리를 찾고자 그가 탐구하는 대상은 바로 여든 살의 자기 자신! 오제는 우리 모두에게 언제나 가장 친숙한 듯하면서도 영원히 낯선 지대로 남아 있는 ‘자기’를, 노련한 인류학자의 시선으로 구석구석 답사한다. 그 과정에서 모습을 드러내는 ‘몸’과 ‘언어’와 ‘기억’의 미세한 굴곡들. 노학자는 거기서 사회적 제약인 ‘나이’의 저 너머에 있는, 인간적 자유의 가능성으로서 ‘시간’을 발견한다. ‘고양이의 지혜’란 바로 이런 것이 아닐까?

이상길 (연세대학교 커뮤니케이션대학원 교수)

노년을 이질적 타자로 간주하는 연령주의적 풍토에서 나이가 든다는 것은 지뢰밭을 건너는 일과 같다. 마르크 오제는 나이 듦과 노년에 대한 우리의 느낌, 인식, 욕망, 두려움의 정체를 꼼꼼히 살피고, 이를 토대로 나이라는 제약에 묶이지 않고 시간을 자유의 가능성으로 향유할 수 있는 세계로 독자를 안내한다. 나이 듦, 시간, 기억에 대한 지은이의 폭넓은 지적 통찰은 문화가 억누르고 있던 노년의 가능성을 다시 꿈꾸게 한다.

정진웅 (덕성여자대학교 문화인류학과 교수)

나이 없는 시간: 나이 듦과 자기의 민족지

1판 1쇄 2019년 3월 20일 펴냄
1판 3쇄 2021년 8월 10일 펴냄

지은이 마르크 오제. 옮긴이 정헌목. 펴낸곳 플
레이타임. 펴낸이 김효진. 제작 현문인쇄/자현
제책.

플레이타임. 출판등록 2016년 10월 4일 제2016-
000050호. 주소 서울시 마포구 희우정로16길
39-6, 401호. 전화 02-6085-1604. 팩스 02-
6455-1604. 이메일 luciole.book@gmail.com.
플레이타임은 리시올 출판사의 문학/에세이
브랜드입니다.

ISBN 979-11-961660-8-3 03300